図説
問題行動対処法

瀬戸健一 著

風間書房

はじめに

　数ある本の中から本書を手にとっていただいた皆さんへ、心よりお礼の言葉を述べたいと思います。筆者は、教職大学院の研究者として、現職教員やストレートマスターの皆さんと一緒に「生徒指導における実践と理論の融合」とは何か、日々探求しています。

　本書では生徒指導力を高めるための方法として、「わかりやすい図説による省察プロセス」を採用しました。ここでいう図説とは、抽象的な表現になりがちな生徒指導の説明を、単なるわかりやすい構造図の説明にとどまるものでなく、身近な事象などに例える比喩（説明モデルや実践モデルなど）まで拡大して活用しています。例えば、日常的な指導実践の悩みや困難をどのように乗り越えていくのかを省察するプロセスで、「いばらの道モデル」などわかりやすい図示による解説を目指しています。

　本書の土台になったのは、教職大学院での講義実践です。「いばらの道モデル」などは、講義の参加者が自分自身の実践を積極的に振り返る過程で、生まれたものです。筆者は、いわゆる省察（せいさつ）プロセスを重視してきました。その省察プロセスをサポートするのが、身近なモデルによる発想です。以下、モデルによる図解をモデル発想法と呼びます。モデル発想法とは「問題とする事象を単純化し、関係する要素を構造化したもの」です。あなたが描いた生徒指導モデルや協働性モデルなどには、何が描かれているのでしょうか。あなたが描いたモデルのなかに秘められたコンセプトやメッセージを、一度、確かめてみるのが、本書の特徴です。

　本書は、「テーマ別　Q&A　〇〇の場合、どのように対応しますか」など、具体的な問題場面別に、現職教員やストレートマスターの回答例が提示されています。生徒指導に正解がないことは、当然のことですが、本書の回答例を参考に自学自習形式のテキストとして活用していただければ幸いです。

あなたの日々の実践（doing）は、どのような指導観（being）の上に成り立っているのでしょうか。個々の教師が、日々の実践を振り返り、次の実践に生かすという意味での研究的プロセスにみる生徒指導力、いわゆる省察的実践力、などを身に付ける必要性が叫ばれています。実践家は実践をベースにしているため、目の前にあるリアリティ（実在性や迫真性）の共有が欠かせません。しかし、リアリティの一面に引きずられ、振り回されてしまう可能性も否定できないのです。なお、省察とは「自分自身を省みて考えをめぐらすこと」であり、省察的実践とは「教師自身のこれまでの実践を省みて、新たな実践へと考えをめぐらすこと」です。

関心のあるページからお読みいただき、「あなたの目指す実践力や省察力」とは何なのか、遊び心をもちながら、体験していただければ幸いです。読者の皆さんにとって耳慣れない言葉である「図説による省察プロセス」の基盤となった「モデル発想法とは何か」（表1）、現職教員の声（表2）を紹介しています。

表1　モデル発想法とは何か

実践例1　実践例2　実践例3　実践例4	省察プロセス（実践と理論の融合）＋モデル発想法	新たな実践

表2　現職教員の声

① 「自分の生徒指導観を広げられたような気がします」
② 「頭の中だけではなく、身をもって実感することが出来た。これが最大の収穫であった」
③ 「自分の持っている生徒指導イメージを再認識することができました」
④ 「生徒指導という言葉が人によって多様であることが分かりました」
⑤ 「自分の中にある思い込みに気づけたことが役に立ちました」

目　次

はじめに　i

序　章　生徒指導にみる「実践と理論の融合」の壁 …………… 1

第1章　「あなたが担任の場合、服装や頭髪指導を、どう理解しますか」Q＆A ……………………………………………… 13

第2章　「指導観の違いをどのように理解しますか」Q＆A ……… 29

第3章　「あなたが担任の場合、児童の気持ちをどう理解しますか」Q＆A ……………………………………………… 51

第4章　「新しいタイプの保護者との連携をどう理解しますか」Q＆A ……………………………………………… 63

第5章　「組織的な生徒指導を、どう考えますか」Q＆A ………… 77

第6章　「職場の人間関係が上手くいかない場合、どう考えますか」Q＆A ……………………………………………… 87

第7章　「異なる教育観の他者と、どう連携していきますか」Q＆A ……………………………………………… 99

第8章　「生徒指導の2つの視点をどのように理解しますか」Q＆A ……………………………………………… 109

おわりに　123

序章
生徒指導にみる
「実践と理論の融合」の壁

◆

　実践と理論の関係については、次の三つに大別して分けられます。第一は、実践を外部にある理念や科学的な原理の適用として認識する立場であり、「外部理論の合理的適用」として実践と理論の関係を説明するものです。第二は、「実践の典型化による理論の構築」を追究する立場で、「優れた授業には一定の原理と法則が埋め込まれている」などと考える立場です。第三は、「実践そのものを教員が内化している理論を外化したもの」とみなし、内在的に機能している理論を研究対象とする立場です。また本章では、省察力を重視し、パルテノン法を提言しています。個々の教員の「経験」から自動的に構成される第一軸、個々の教員の抱える「思い込み」（モデルで点検可能）という第二軸、そこに「科学性」という第三軸を設定しています。

第1節　問題の多様化にどのようにして対応するのか

　生徒指導の問題対応は多様化しています。現場の教員が、日々ストレスを抱える場面が数多く報告されるようになりました。価値観の多様化、社会規範の希薄下、急速な情報化、都市化など様々な社会的要因や背景が複雑に絡み合っています。また、社会全体が豊かな消費生活に慣れてきた現在、過度な要求が学校に向けられることも問題になっています。人間相手に直接貢献する仕事であるヒューマンサービス組織は、教員だけではありませんが、日常的なストレスの多い仕事と言えるでしょう。

　このようにして問題の多様化が報告される中、どのように対応すればいいのでしょうか。一筋縄ではいきません。生徒指導には、正解がないと言われていますが、まずは子どもの実態を理解する、保護者の実態を理解する、などが一般的な対応として想定されます。その上で、効果的な対応を模索していくことでしょう。しかし、星の数ほど事例はあり、星の数ほど対応が挙げられます。一つとして同じものはありません。それでは、共通点はないのでしょうか。ここで、見落とされがちなポイントがあります。それは、教員サイドの葛藤の視点です。教員が抱える葛藤や困難への対応プロセスです。このプロセスが多くの実践者にとって共有可能だというのが本書のコンセプトです。教職経験や学校種の差異を乗り越えて、「分かり合える」世界があるとしたら、なんと素敵なことでしょうか。現場の教員に共有可能な世界があるとしたら、それは何か。筆者は、実践の勘やコツといわれる豊かな実践知、そして実践知を集約した研究知見としての理論知、両者の知の関係性で発生するエネルギーだと考えています。個別で多様な実践知と安定した理論知、いわゆる「実践と理論の融合」です。

　理論というと、何か難しそうなイメージがあります。また「理論家」には、

「口先だけで実践を伴わない」、マイナスのイメージがつきまといます。まずは、方法論や実践論というのもうなずけますし、理論なき実践もあるかもしれません。ここであらためて「実践と理論の関係」について整理してみましょう。

第2節　研究的視点「実践と理論の関係」3類型

実践と理論の関係については、次の三つに大別して分けられます。教育心理

① 「理論の実践化（theory into practice）」

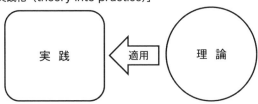

② 「実践の典型化（theory through practice）」

③ 「実践の中の理論（theory in practice）」

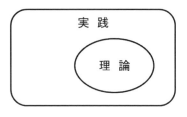

図 0-1　実践と理論の三つの関係

学に着目した佐藤（1998）は、理論的研究と実践的研究の関係について次のように説明しています。第一は、実践を外部にある理念や科学的な原理の適用として認識する立場であり、「外部理論の合理的適用」として実践と理論の関係を説明しています。第二は、「実践の典型化による理論の構築」を追究する立場で、「優れた授業には一定の原理と法則が埋め込まれている」などと考える立場です。第三は、「実践そのものを教員が内化している理論を外化したもの」とみなし、内在的に機能している理論を研究対象とする立場です。以上は、第一の「理論の実践化（theory into practice）」、第二の「実践の典型化（theory through practice）」、第三の「実践の中の理論（theory in practice）」として区別されています（図0-1）。

> **質問** 「実践と理論の融合」をもっと分かりやすく説明してください。

ある院生の描いたモデルを紹介します（図0-2）。3類型を順に解釈し説明しています。Aタイプは、権威性のあるものによる外部からの影響が強くなるのが特徴です。権威性の前に理論の是非は、なかなか吟味されにくいのが特徴です。Bタイプは、優れた実践には、共通した理論があると想定するもので、検証が必要です。Cタイプは、実践者のモチベーションにつながる個々の実践者における内部理論です。実践者自身のこだわりやモットー、「自分がどうしても気になること」で「自分の弱さや本音をさらけ出す」ことなどが特徴的です。

3タイプの理論観があり、複数の実践者が理論を語る際、それらは混在しています。AやBやCを明確に区別するのが難しくなる可能性があります。実践者同士が白熱の議論を展開しても、「実践と理論の融合」はいわゆる不毛の議論となる危険性があるのです。筆者は、どのタイプの理論観も必要だと考えています。優先順位をつける必要はありません。しかし、Cタイプの内部理論は実践者にとって不可欠だと考えています。なぜならば、実践者が実践を省察した際に発見した独自の理論、その理論は眩いばかりの光とエネルギーを放つからです。言い換えれば、他者から伝達された理論は、深い所では活用されにくく、自分で発見した理論のみが深い所で活用できるのかもしれません。表

Aタイプ（外部理論の影響）

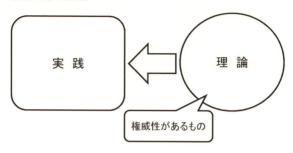

Bタイプ（理論に共通性存在）

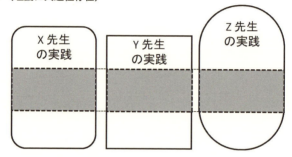

Cタイプ（実践者の内部理論）

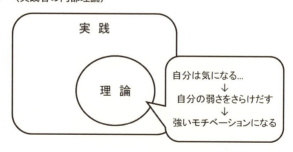

図 0-2　三つの理論観の特徴

0-1 にそれぞれの理論観の特徴を表示しました。

　以上、Ｃタイプの内部理論は実践者にとって不可欠だと考えていますが、ここで実践者の実践観の構造を簡単に説明してみましょう。

表 0-1　理論観の 3 類型とそれぞれの特徴

理論観の 3 類型	特　徴
A タイプ　外部にある理論	①適用範囲、説明性、予測性などから構成される ②一定の権威性があるため吟味しにくい ③伝達されても活用されにくい
B タイプ　共通性のある理論	①共通性を検証するため研究的手法が必要になる場合がある
C タイプ　実践者の内部にある理論	①実践家の「気になること」など、省察するプロセスが必要。「弱さ」をさらけ出す ②実践家の強いモチベーションになる ③思い込みリストや持論の限界がある

第 3 節　実践観の構造　省察的視点の必要性

　実践観と言っても様々な観点があります。ここでは、筆者の想定する実践観についてモデル（図 0-3　パルテノン法）を使って説明します。前著（『省察力を高める実践テキスト（風間書房）』）でも紹介しましたが、校内研修や事例研究会などで、実践を語る場合、その魅力ある世界とは裏腹に我々は大きなハンディを背負い込んでしまうことがあります。例えば、伝えたいことが同僚教員と共有できないという場面、私たちは見えない壁に囲まれていると感じてしまいます。なぜでしょうか。複数の要因が考えられます。そのひとつとして、個人差の大きい過去の「経験」による「思いこみ」という軸が、自動的に個人に設定されてしまうことが挙げられます。個人に特有の「経験」、そして脳科学からも明らかになっている「思いこみ」は大きな機動力にもなりますが、冷静に振り返ることは至難の業となるでしょう。

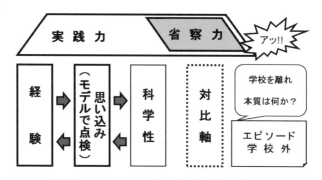

図0-3　パルテノン法　軸（観点）を増やす

　他にも、「豊かな心の育成」「一人ひとりの子どもを支援する」など、議論のクライマックスを何気なく演出してしまうような「切り札」的表現（理想主義の言葉）の存在による思考停止の問題もあります。これは教育言説（big word, magic word）と言われ、教育用語は参加者の議論を沸騰させるが冷静に検証することが難しいのです。これらが実践観を語るうえでの壁となっていると考えられます。個々の教員の「経験」から自動的に構成される第一軸、個々の教員の抱える「思い込み」（モデルで点検可能）という第二軸、そこに「科学性」という第三軸を設定しなければなりません。しかし、実践世界の「科学性」を追求するには他にも大きな壁（再現性や検証可能性の限界など）が立ちはだかっています。

　これらの限界を踏まえたうえで、積極的に対比軸を設定し議論の観点（軸）をずらし、議論の幅を広げて省察していくことが求められています。異分野や異なる領域のエピソードを活用し、時には脱線しながら「実践者の実践観とはどのようになるのか」、検討してみましょう。

第 4 節　doing と being　子どもは教員に相談しない

「実践者の実践」とはどのようになるのか、ここで操作的な定義をしてみます。実践として外部からの観察が可能なものを doing、なかなか観察できない実践者の「考え方やあり方」を being とします。

身近な実践として、「共感的理解」のための「面談技法」などの doing を想定しましょう。コミュニケーションの基本として欠かせない実践であることは

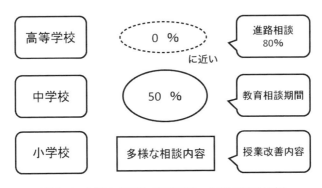

図 0-4　担任に相談に来る児童・生徒の割合の例

表 0-2　小学生の担任への相談内容

教室をきれいにしてください。面談を多くしてほしかった。席替えをしたい。このままの先生でいてほしい。字をきれいに書いてほしい。体育を増やしてほしい。もう少し面白い話をしてほしい。卒業式の日に交通指導員の人を呼んでほしい。早口をもう少し遅くしてほしい。算数の勉強をもっとわかりやすくしてください。テストの日をしっかり教えてほしい。もう少しおもしろいことを言ってほしい。特にないのでこのまま続けて欲しい。算数では笑いのシーンを増やしてほしい。窓側の一番はしの席は黒板が見づらいので工夫してほしい。黒板の字をきれいにしてほしい。特にない（12 人）。

当然のことです。しかし、児童・生徒から見た相談相手として、教員は的確な存在だと判断されているのでしょうか。そこを十分に踏まえておくのが being だと考えます。

　院生が調査した「担任の先生に相談に来る生徒の割合」です。高校生は高校の教員（品田、2015）が、中学生は中学校の教員（池田、2015）が、小学生は小学校の教員（野村、2013）が独自にアンケート項目を作成し、質問しました。

　その結果の概略は次のようになります。高校生は「悩み事」に関して、ほとんど教員に相談しません。相談する内容は進学相談・進路相談の内容です。部活動の顧問などは別ですが、むしろ、教員に相談したくないほうが圧倒的に多いのが現状です。中学生は特定の教育相談期間にだけ、自分の悩みを相談する生徒が約半数います。半数の生徒が「（相談すると）困ったことになる」「（相談しても）問題の解決にならない」など消極的な態度で回答しています（図0-4）。小学生は「悩み相談」希望の内容が「授業改善」など多岐にわたります（表0-2）。

　以上のことから、特定の実践における doing の効果や可能性を広範囲に吟味する必要が出てきます。共感的理解のための傾聴姿勢は欠かせませんが、話し上手や教え上手など総合的な実践力が教員に求められるのは、言うまでもありません。特定の理論の「user（使用者）」となることで、振り回される危険性があるでしょうし、一方で、特定の理論を軽視することにも問題があります。実践の内容、実践の対象、実践の効果など総合的に検討するのが「truth seeker（真理の追求者）」であり、教員は「truth maker（真理の形成者）」に安住できないのです。

　なお、教員の仕事は、いつまでも終わらない仕事、ネバーエンディングストーリーなどとも言われ、ストレスの大きい仕事です。教員の being「考え方やあり方」をなかなか省察していく余裕がないのも事実です。しかし、「いつかは実践者に戻ってくる未来からの贈り物」があるという教育の喜びも、実感できます。実践の足跡が戻ってくるブーメラン効果です。

　子どもの〇〇〇のために、教員は〇〇〇ができる。多くの教員に共通した

doing はどうあるべきか、個々の教員の個性を活かした doing はどうあるべきか、省察する必要があります（図 0-5）。

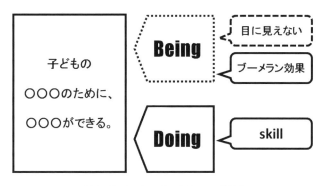

図 0-5　being と doing の関係

■コーヒーブレイク■

　少し抽象的な説明になりました。実践者の doing をどのようにして点検しているのか、身近な事例を挙げてみましょう。対比軸として、風邪グスリを例にします。ここに「かぜの諸症状の緩和に、総合かぜ薬、〇〇錠」があります。読者のみなさんは、薬を飲む前に説明書に目が行くはずです。説明書には、「効能」「用法・用量（1日3回食後30分以内…）」「成分」「注意（次の人は使用しないでください…）」と書いてあります。薬を使用する人、つまり、実践者はどの部分を重視するでしょうか。筆者の場合、「用法・用量（1日3回食後30分以内…）」と「注意（次の人は使用しないでください…）」に目が行きます。

　近年の健康食品やサプリメントブームなどでテレビで盛んに宣伝されています。そこには前述の「注意」書きが必ず入っています。「（この効き目には）個人差があります」「これは個人の感想です」と断りが入っています。「効果がある」という表記はできないようです。余談ですが、個人がコメントする「オススメです」は可能なようです。

様々な実践方法や技法などが開発されています。それらの示す効果とは何なのか、適用の範囲はどうなっているのか、など丁寧に吟味する必要があります。

[引用・参考文献]
佐藤学　1998　「教師の実践的思考の中の心理学」　佐伯胖・宮崎清孝・佐藤学・石黒広昭　『心理学と教育実践の間で』　東京大学出版会　pp.22-30.
池田清朗　2015　「北海道教育大学教職大学院　マイオリジナルブック　協働的な教育相談体制の構築―生徒が選ぶ教育相談週間に着目して―」
品田昭一　2015　「北海道教育大学教職大学院　マイオリジナルブック　教育相談体制の構築のための総合的研究―分掌にとどまらない教育相談体制に関する一考察―」
野村真実　2013　学級通信「向上」6年2組　第239号

第1章
「あなたが担任の場合、服装や頭髪指導を、どう理解しますか」Q&A

◆

　本章では、中堅教員、40代の中学校教員の悩みを紹介しています。理科教員として人気のあるA先生、サッカー部顧問としても大活躍しています。学級経営も上手くいっています。また、生徒指導場面（服装、頭髪、化粧、身だしなみなど）では全力投球です。しかし、指導の場面で頭を抱えることが多くなりました。中堅教員の揺らぐ信念、ストレスの原因は何かを具体的に分析しています。A先生の指導における省察は、どのようなものでしょうか。A先生は、指導におけるストレスを感じつつ、次のように奮起しています。奮起するエネルギー源となったのは、サッカーの審判で経験した貴重なエピソードの数々でした。A先生が講義の中で、プレゼン（校内研修形式）した内容の一部スライドを参考にして説明しています。後段では、指導の実践における多様な方法論を5つ紹介しています。

第1節　中堅教員の揺らぐ信念、ストレスの原因は何か

●プロフィール●

中堅教員、40代の中学校教員の悩みを紹介します。理科教員として人気のあるA先生、サッカー部顧問としても大活躍しています。学級経営も上手くいっています。また、生徒指導場面（服装、頭髪、化粧、身だしなみなど）では全力投球です。しかし、指導の場面で頭を抱えることが多くなりました。

> **質問**　A先生の指導におけるストレスの原因はなんでしょうか。
> 　　ア　指導が生徒にうまく伝わらない
> 　　イ　指導をするのに時間とエネルギーがとられる
> 　　ウ　同僚教員や生徒の影の声が気にかかる

回答例：ウ

もちろん、それぞれがストレスの原因として関係しているでしょうが、この事例ではA先生は、「ウ　同僚教員や生徒の影の声が気にかかる」と回答しました。

解説

日々の細やかな生徒指導がモットーであるA先生、「集団規律の違反を放置することの生徒への不平等」など揺るがぬ生徒指導の信念が教師としての自負心を支えています。しかし、その信念が最近、揺らぎつつあるようです。それは、隣のクラスの生徒へ指導した際、「他の先生からは注意されないのに」という一言、他学年の生徒からも「A先生って、厳しい先生なんだって」とい

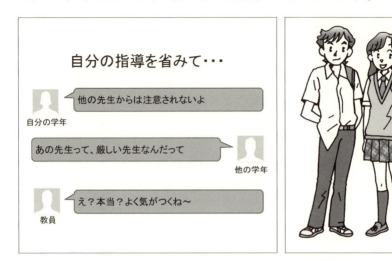

図 1-1　A 先生の指導におけるストレス、周囲の声

う噂が広まり、極め付きは、同僚教員からの一言でした、「ホント、よく気がつくね」。もちろん、ほめ言葉ではない一言に、A 先生の信念も揺らぐ一方なのです。

　ここで A 先生の「指導上で気になる点」を具体的にリストアップし、説明してもらいましょう（資料 1 〜資料 6）。

　資料 1 は「気になりませんか？」、下駄箱の靴のかかとが踏まれているようです。資料 2 は「僕は気になります」、右の靴のタン（ベロ）の部分。資料 3 は「茶髪判断の不安」、新学期 4 月当初に行われる頭髪検査で使用されているヘアカラースケール。検査日をすぎたら「変化」に気づきますか？　最近の「ゆるやかな変化」には正直、自信がないです…など、丁寧に省察しています。資料 4 は「最近良く見かけませんか？」、グロス、リップ（ピンク色のつく）、薄いファンデーション、透明な（薄いピンクの）マニキュア、なんだか女子ばっかりですね…と男性教員のジレンマを省察しています。資料 5 は、コンタクトレンズの分類、ノーマルのコンタクトレンズ（度入り）、色のついたコンタクトレンズ（度入り）、瞳を大きくするコンタクトレンズ（度入り）、色のつい

第1節　中堅教員の揺らぐ信念、ストレスの原因は何か　　　17

気になりませんか？

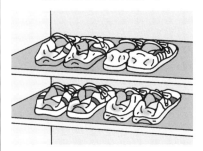

資料1

僕は気になります

資料2

茶髪判断の不安

4月当初に行われる頭髪検査で使用されます　→

検査日をすぎたら「変化」に気づきますか？

最近の「ゆるやかな変化」には正直、自信がないです…

レベルスケール

資料3

最近良く見かけませんか？

・グロス

・リップ（ピンク色のつく）

・薄いファンデーション

・透明な（薄いピンクの）マニキュア

なんだか女子のばっかりですね…

資料4

コンタクトレンズの分類

① ノーマルのコンタクトレンズ　　（度入り）
② 色のついたコンタクトレンズ　　（度入り）
③ 瞳を大きくするコンタクトレンズ（度入り）
④ 色のついたコンタクトレンズ　　（度無し）
⑤ 瞳を大きくするコンタクトレンズ（度無し）

→ ① は 認める
　　②〜⑤は…？

これをカラーコンタクトと分類すると仮定します。

資料5

裸眼と比較

資料6

たコンタクトレンズ（度無し）、瞳を大きくするコンタクトレンズ（度無し）など多様です。例えば資料5の②〜⑤をカラーコンタクトと分類すると仮定します。①は認めるとしても、②〜⑤はどう判断すればいいでしょうか…など、振り返っています。

以上が、A先生の「指導上で気になる点」でした。読者の皆さんは、いかがでしょうか。

> **質問** A先生の指導における being（考え方）はなんでしょうか。

回答例：「○○の乱れは、心の乱れ」

解説

A先生の指導における being（考え方）は、「○○の乱れは、心の乱れ」でした。ちなみに、○○の中に入る適当な言葉として、どのような言葉が浮かんでくるでしょうか。まずは服装、頭髪という言葉が浮かび、次に、言葉づかい、生活時間、生活ルールなど、いろいろな言葉が浮かんでくることでしょう。それらの言葉は、「望ましい生活規律」「基本的な生活習慣」などに共通している情報であり、「教師にとって外部からの観察可能な情報」として説明することができます。そして、これらの観察可能な一次情報によって、教員は「観察することが困難であろう心（二次情報）」の状態をあれこれと推察することへの足がかりが出来るのです。問題行動の初期状態として、丁寧な観察が始まり、児童生徒理解の深化が図られていきます。日常的に観察可能な一次情報は、「そう簡単には見えてこない心理状態」の情報として十分に活用できる、そのような前提が浮かび上がってきます。

個別の学校や学級によって、大きく異なる生徒指導の文化があるため、全てに共通する実践の認識ではありませんが、このような一次情報による児童生徒理解の連続が、「心のサイン」「心の叫び」「不安の表れ」「ストレスの表れ」な

> **Q：どんな教員タイプですか？**
>
> ① 細かいところまで気にしすぎて指導してしまう「口うるさい」タイプ
>
> ② 周囲の教員を横目で見ながら空気を読む「歩調を合わせる」タイプ
>
> ③ それくらいイインじゃないのと指導しない「気にならない」タイプ

資料7

ど「心の健康度」として解釈されているのです。教員の「経験や勘、コツ」といったものに表出している、指導の実際における実践者を支えるA先生の理論というべきものでしょうか。

ちなみに、同僚教員の指導におけるbeing（考え方）は、どうなるでしょうか。A先生は、どのような指導タイプに当てはまるのか、次の3タイプを例として紹介しています（資料7）。①細かいところまで気にしすぎて指導してしまう「口うるさい」タイプ、②周囲の教員を横目で見ながら空気を読む「歩調を合わせる」タイプ、③それくらいイインじゃないのと指導しない「気にならないタイプ」、です。

質問 A先生の指導における省察は、どのようなものでしょうか。

A先生は、指導におけるストレスを感じつつ、次のように奮起しています。奮起するエネルギー源となったのは、サッカーの審判で経験した貴重なエピソードの数々でした。A先生が講義の中で、プレゼン（校内研修形式）した内容の一部スライドを参考にして説明してみましょう。

〈A先生の省察①　担任としての存在〉

　A先生は、担任の存在とは何かを問いながら省察すると、「生徒指導の最前線に日々いる存在であること」「指導の影響力はきわめて強い存在であること」に気がつきます。ここで、A先生は、「生徒指導≒規則遵守」という用語を限定したうえで、質問を設定しました。質問1：規則遵守の指導は必要ですか？（yes or no）、質問2：規則遵守をさせていますか？（yes or no）、この質問の結果は皆さん想像の通り、「指導は必要だが」「なかなか実行できない」などの現状が浮かび上がってきます（資料8）。

```
担任の存在
・生徒指導の最前線にいる
・指導の影響力は強い

質問1：規則遵守の指導は必要？
　　　yes　or　no
質問2：規則遵守をさせている？
　　　yes　or　no
```
資料8

〈A先生の省察②　サッカー審判〉

　A先生は、質問：規則遵守はどこまで可能でしょうかと問題意識を投げかけながら、規則遵守に努力している世界があると生徒指導以外のエピソードであるサッカーを、対比軸として設定しています。

```
規則遵守　は　可能　でしょうか？


規則遵守　に　努力している　世界がある
```
資料9

　「教員⇒児童生徒への指導」を「審判⇒選手への指導」から省察する視点です。たまたま、本人がサッカー部顧問であったこと、ワールドカップ開催のニュースなどが報じられていたことが、プレゼンを盛り立てることになりました（資料9）。

　以下、プレゼンのコメントです。

第1節　中堅教員の揺らぐ信念、ストレスの原因は何か　　21

「今期、ワールドカップにて、ちょっとした話題となった試合があります。いわゆる審判の誤審騒動です。ある選手が、ある選手をひっぱったのか、わざと倒れたのか、皆さんはどう判断しますか」と審判の困難性を説明しています。

　その後、事例の誤審の是非を問うのではなく、どこから選手を見ているのか、TV での視点、観客の視点、など視点を変えたスライドを参考に、視点の置き方や視野の相違について説明しています。そして、選手・審判の視点を解説します。「両者の距離が遠い・近い」「審判から見える・見えない」「審判の経験者としての感覚」などが具体的な要因として挙げられています。

　審判の存在について次のように言及していきます。「審判も試合作りに参加している、それは、きちんとした判断をするために、一生懸命プレーする選手が報われるために、心揺れ動かされるプレーのために」など「フェアプレーの精神で選手、審判、監督、サポーターともども試合作り」に参加しているとまとめています（資料10、11、12）。

資料10

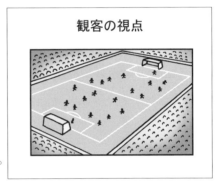

資料11

資料12

資料13

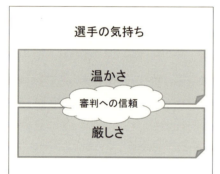

資料14

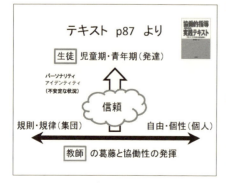

資料15

〈A先生の省察③　サッカー審判から学んだこと〉

　A先生は、審判を通して学んだことを省察しています。それは、実践への心構えです。

　例えば、正しい判定をできる位置に移動せよ、選手をよく見よ、選手とコミュニケーションをとれ、笛に意思をこめろ、自分も試合作りに参加せよ、など実践への心構えです。

　また、荒れそうな試合の際、ファウルをとられて、せっかくのチャンスを逃し、ふてくされている選手に対して肩をポンポンと手のひらでたたき、目で「次はがんばって」という気持ちをこめることなどで、温かいサポートの実践です。一方で、わざと大げさに転ぶ選手には「起き上がって！」とジェスチャーを加え、毅然とした態度で指導する厳しさも必要です（資料13）。

　選手の気持ちを考えると、時に温かさ、時に厳しさが必要になります。そして、欠かせないのが「審判への信頼」であると述べています（資料14）。

　審判と選手のある場面を切り取り、どんな関係性を感じますかと問いかけています。

　そして、服装や頭髪指導の実践を次

のように相対化しています。集団維持のための規則・規律遵守と個人としての自由・個性の2極構造ではなく、発達段階としての児童・青年期のパーソナリティ、アイデンティティ（不安定な状況）としてとらえることの必要性。そして、指導の際に発生する教員の葛藤とともに教員集団の協働性について言及しています（資料15）。

資料16

　A先生のメッセージです。「Players first！ 生徒と向き合うこと無しに信頼関係は生まれない。だからこそ、自信を持って生徒指導に精進したい」（資料16）。

第2節　指導の実践における多様な方法論を理論として整理しましょう

 指導の実践における多様な方法論を理論として整理しましょう。

回答例：

　先行研究の知見として「依頼・要請時に用いられる影響手段の種類と規定因（今井、2005）」を参考にして、「他者への影響手段」5理論をもとに生徒指導の方法論を説明してみます（表1-1）。

表1-1 影響手段のいろいろ（今井、2005から一部改変）

①単純依頼（主張性）：
　受け手（児童生徒を指す）に「服装・頭髪の基準に従ってほしい」という依頼事項を単に伝える。依頼事項をどの程度直接的に表現するかによって、直接性‐間接性の程度が異なります（示唆）。依頼や要請を繰り返すことも含まれます（反復）。

②理由提示（合理性、論理性）：
　依頼事項だけではなく、なぜ受け手（児童生徒）に依頼、要請するのか、「茶髪は規則で認められていない、染色は髪をいためる」などその理由や関連情報を提供します。受け手（児童生徒）のやる気や使命感を鼓舞する場合もあります（情熱性）。真の理由を提供しない場合は受け手（児童生徒）をだますことになります。

③資源提供（交換性、制裁性、支援性）：
　与え手（教員）が保持している資源を依頼事項に付加させます。資源には、褒賞、罰、他者の支援などがあります。これらの資源をいつ受け手（児童生徒）に与えるか、資源の提供者は誰か、受け手（児童生徒）が応諾するまで資源を提供し続けるかどうか、以前に提供した資源を思い出させるかどうかなどによって複数のパターンがあります。

④正当要求（正当性）：
　与え手（教員）と受け手（児童生徒）の社会的役割関係や親密度、受け手（児童生徒）が社会的規範に沿った行動をとることの必要性を指摘、強調します。

⑤情動操作（迎合性、友好性）：
　依頼や要請をする前にあらかじめ受け手（児童生徒）の気分や情動をポジティブな状態に変化させます。

 指導における制裁性ですが、ルールを明文化し罰則など、ゼロトレランス方式の指導を参考にできるでしょうか。

回答例：

　アメリカの教育現場では、①明文化されたルール（校則など）、②違反した場合に科される措置、③適正な手続き、など3つの要件が必要になります。①

は違法行為、学校生活の妨害、他者への名誉毀損など、②は保護者への文書での報告、管理職の指導、カウンセリングなど、③はルールの明文化と周知、書面による事前告知、聴聞会など、多岐にわたり決められています（坂見、2014）。背景にある契約文化の違いなどもあり、参考にするためには、研究が必要でしょう。この方式は、排除の理論ではないと言われています。オルタナティブ（代替）学校の存在も想定する必要があります。

■コーヒーブレイク■

罰の是非を、ヒト以外の生物でも見てみましょう。大槻（2014）によれば、罰は、集団における協力を促進する点で効果的ですが、罰にかかるエネルギーや時間などは相当なものになるそうです。例えばある種のアリでは、女王がしょっちゅうコロニーを巡回し、監視する必要があります。ここに、罰の非効率性があります。罰の非効率性が、協力することの利益に勝るようになれば、本末転倒な結果になります。人間社会ではどうでしょうか。大槻（2014）は、ヒトの場合、ヒトの能力である「過去を振り返り未来を予測する能力」に期待し、罰システムのデザインにきわめて慎重になる必要があると述べています。

演習　前述の5理論の特徴を、実践者として整理しましょう。

回答例：次頁の表参照（表1-2）

表1-2 5つの理論の特徴

5つの理論	実践者から見た特徴
①単純依頼（主張性）	・指導の反復は疲労感がある ・時間的な余裕がない ・指導部等からの伝達事項に留まる ・形骸化する ・生徒との関係に影響が懸念される ・教師集団の歩調を合わせやすい ・指導の効果が薄い
②理由提示（合理性、論理性）	・ルールだからで押しきれない ・教師のルールと生徒のルールの共通性が難しい ・理由が説明できない指導がある ・生徒側に理解する姿勢がない ・生徒、保護者などの価値観が多様化している ・教師集団の歩調を合わせにくい ・生徒が納得する場面がある
③資源提供（交換性、制裁性、支援性）	・規則違反の厳格な認定が難しい ・指導内容が細分化して面倒である ・罰則の形骸化 ・罰則の非効率性 ・公平性が維持しにくい ・校内選考などの影響がでる
④正当要求（正当性）	・教師側の正当性が担保しにくい ・指導の正当性を説明できない ・生徒側に理解する姿勢がない ・生徒、保護者などの価値観が多様化している ・お互いの正当性が異なる ・指導基準を一般化しにくい ・同僚教員と正当性を合わせるのが一番難しい
⑤情動操作（迎合性、友好性）	・生徒との相性がある ・まずは共感的理解だが負担感がある ・甘やかすことと紙一重である ・指導の例外を生む可能性がある

	・個別の効果はあるが、協働性に支障が出る ・生徒の問題行動の背景について慎重な理解が求められる

質問 日々の実践で、どの理論をあなたは活用していますか。

回答例：30代男性教員

　②理由提示と⑤情動操作、両者の組み合わせが一番活用しやすいです。また、指導の効果があると思います。一番難しいのが、④正当要求です。生徒に対しても、保護者に対しても、同僚教員に対しても、正当性を共有することが難しくなりました。

[引用・参考文献]
今井芳昭　2005　「依頼・要請時に用いられる影響手段の種類と規定因」　心理学評論　48巻　pp.115-120.
大槻久　2014　「協力と罰の生物学」　岩波科学ライブラリー226　岩波書店　pp.114-115.
坂見明　2014　「ゼロトレランス方式の光と影」「現代社会と生徒指導」　北海道教育大学・教職大学院　院生プレゼン資料より一部引用

第2章
「指導観の違いをどのように理解しますか」Q & A

◆

　本章では、中堅教員、30代の女性中学校教員の悩みを紹介します。国語科N先生は転勤してきたばかりの教員です。自分の生徒指導方法を模索し、他の教員の生徒指導方法から学びたいと、アンテナをはっています。異なる指導観を持つ教員が集まる学年でお互いにどのように関わるか、説明しています。後段では、異なる生徒指導観と協働性の関係はどうなっているのか研究知見を紹介しています。具体的には、①指導観（困難感）・同僚評価観の関連、「20代教師の独自性と他世代の共通性」、②指導観（効力感）・同僚評価観の関連、「40代教師の独自性と他世代の共通性」の差異が明らかになりました。また、教職経験を参考にした研修の機会や内容を紹介しています。

第1節　異なる指導観を持つ教員が集まる学年でお互いにどのように関わるか

● **プロフィール** ●

中堅教員、30代の女性中学校教員の悩みを紹介します。国語科N先生は転勤してきたばかりの教員です。自分の生徒指導方法を模索し、他の教員の生徒指導方法から学びたいと、アンテナをはっています。

> **質問**　あなたの指導スタイルはどちらかといえば、どれに当てはまりますか。
>
> 　ア　権威型指導タイプ
> 　　　規律を守らせる指導方針が中心となるイメージ。教員主導の傾向。
> 　イ　慈愛型指導タイプ
> 　　　優しく包み込む指導方針が中心となるイメージ。生徒中心の傾向。
> 　ウ　親和型指導タイプ
> 　　　理解に努め、共に成長しようとするイメージ。

回答例：イ

解説

N先生は今まで「ア　権威型指導タイプ」を理想としていたそうですが、自分の性格では不向きかもと不安に感じ、現在は模索中であるとのこと。この事例ではN先生は「イ　慈愛型指導タイプ」と回答しました。自らの個性を活

かして、どのようなタイプの指導スタイルを身につけるかは、人それぞれであり、年を重ねるうちに、少しずつ変化することが考えられます。

検討事例

N先生が勤務する中学の1年生での事例です。教室移動の際、なかなか廊下に並ばない生徒への、接し方が異なる3人の教員がいました。N先生は副担任で、この学年に所属しています。

3人の教員方の生徒への対応は以下の通りです。

A先生：「いつまで話をしているのかな！」
大きな声を張り上げ威圧的に生徒に関わる。
結果、生徒たちはすぐに並んだ。

B先生：「さぁ素早く並ぼう。さぁ」
明るく爽やかに、促すように生徒たちに関わる。
結果、わーわー言いながらも生徒たちは並んだ。

C先生：「…（笑顔で無言）」
静かに見守るように生徒に関わる。
多少時間がかかったが、生徒たちは並んだ。

 対照的な3人ですが、それぞれの指導観に違いがありました。本人たちはどのようなことを考えていたのか、想像してみましょう。

回答例1

私はどちらかというとA先生のタイプだ。学年の規律を守るためにも、率先して生徒指導に取り組むほうだから。A先生は自分のクラスの生徒を指導しているようで、内心は他のクラスの生徒も指導している意識であるように感じる。皆に注目させることで、意識させようとしているのでは。B先生は、騒ぎながらという生徒の整列状況を見て、どのように感じているのだろうか。C

先生は、生徒の自主自立を育てようとしているのかもしれない。ただ、3人の指導観があまりにも異なるために、指導上の意見のぶつかりは起きるのではなかろうか。

回答例2

A先生は「学年のお父さん役」、B先生は「お兄さん役」、C先生は「物静かなお姉さん役」といったところだろうか。各々の個性を発揮している職員集団であり、その先生の個性を柔軟に受け止めることができる生徒がいる、とてもバランスのとれた学年と感じる。

解説

N先生は勇気を持って、3人の先生に真意を確認してみました。

A先生の真意

「何回か子どもたちと、並び方のことを話題にしていました。そこで生徒たちは、自分たちでしっかりやると約束していました。それなのに、きちんとできなかった。これは、怒鳴るしかないですね。」

B先生の真意

「きちんと整列しないことには多少腹が立つけれども、ガミガミ言っても効果は無いから、前向きな表現で子どもに伝えるよ。嫌な雰囲気にはしたくないからね。」

C先生の真意

「子どもたちがどうやって並ぶのかを見ていました。その中で、声をかけた子、声かけに応えた子、自分から動いた子を見て、あとからほめてあげるのです。」

> **質問** 上記のように、異なる生徒指導スタイルを持つ教員同士が、協働性を発揮するために必要なことはなんでしょうか。

回答例：「自分を知り、相手を認め、自分を認める」

　N先生は、生徒指導観の共有を考えていたそうです。考えを深めていく中で、「そもそも生徒指導観を共有することが難しいんだ」と思うようになり「もしかしたら、無理なのでは」と不安になったこともありました。しかし、三人の先生の真意を聞いたところ、方法は違えど、生徒を育成するという目的は共通しているからこそ、「互いの歩み寄り」（協働性）が必要なのではと考えるようになりました。

資料1

　そもそも「生徒指導の実際」は共有できないということを踏まえたとき、「自分とは違う考え」を否定するのではなく、その「価値を認める」スタンスで関わる事が必要だということを感じるようになりました。「そのためにも自分の指導観を明確にする必要を感じる」とN先生は述べていました（資料1）。

> **質問** N先生の指導スタイルにおける省察（新たな実践への考え方）は、どのようなものでしょうか。

　N先生は、これまでの勤務校の経験の中で、「違和感を覚えている」という指導内容に関して「もしかしたら、思い込みなのでは」と考え、独自に質問項目をまとめてみました。以下、N先生が講義の中で、プレゼン（校内研修形式）した内容の一部をスライドを参考にして説明します（資料2）。

思い込み度チェック

違和感をもつかどうかでチェック

- □ 登校は8時10分～25分の間
- □ 決まった席に座る
- □ 朝の会で歌う
- □ 挨拶は元気よく大きな声で
- □ 授業開始時は日直が号令
- □ 授業中、発言は挙手をしてから
- □ 授業中、おしゃべりはだめ
- □ 体育の時は背の順で並ぶ
- □ 座るときは体育座り
- □ 休み時間、遊び場所は指定
- □ 休み時間、外で遊ぶ
- □ 保健室へ行くとき、担任に報告
- □ トイレは決まったトイレへ
- □ ハンカチ、ちりがみ調べをする
- □ 給食は、エプロン、三角巾

- □ 食べるときもエプロン、三角巾
- □ みんなそろっていただきます
- □ グループで給食を食べる
- □ デザートは最後
- □ おかわりは全部食べてから
- □ 掃除は給食後
- □ 授業中拾ったゴミはゴミ捨てに行かない
- □ 教室間の移動は整列してから
- □ 宿題は必ずやってくるもんだ
- □ 家庭学習をしっかりやる
- □ 夏休みの生活表・1日日記など
- □ 夏休みの自由研究
- □ 夏休みの読書
- □ 始業式・終業式は早めに下校
- □ 先生同士で先生と呼び合う

違和感のある内容がどれくらいありますか？

資料2

〈N先生の省察①　思い込みの点検〉

　N先生はこれまでの教員経験の中で、当たり前と思うことを中心にいくつか列挙してみました。講義の中では、「あの項目は、どうしてなのだろう」という疑問の声があがりました。中には、小学校・中学校・高校と校種によって、または、勤務している地域（都市・地方、県内・県外など）や教職経験によっても違和感を覚える項目が異なっていました。N先生の思い込み度チェック表によって、各々の院生が「教員としての思い込み」に関して考えることができる時間となりました。

　違和感のある項目が多いとか少ないとかが重要ではなく、今一度「自分にとっての当たり前となる項目」や「職場の常識とされている項目」を振り返ることの重要性を感じ取ることができました。

〈N先生の省察②　子どもへの関わり方～整列することの意味〉

　N先生は、集会や整列とは、どうあるべきかに疑問を持ちました。例えば、1964年東京オリンピック開会式での日本代表の行進の様子（資料3）を例に出

資料3

資料4

したとき、講義に参加した院生にも、特に違和感を覚えませんでした。

ところが、2014年に行われたソチオリンピック開会式での日本代表の行進の様子（資料4）を提示したときに、院生から「そういえば」と驚きの声があがりました。

名誉ある冬期オリンピックの開会式であるにもかかわらず、選手が列をなしていないことへの驚きは、教職員という集団であるからこそその見かたなのかもしれません。

図2-1　目指す子どもの姿

「どちらがいいとか、悪いとかではない」という言葉を用い、「並ぶことに目的があるのか」「その先に目的があるのか」というメッセージを示していました（図2-1）。並ぶことを目指すのと、その先に目標を設定するのでは、関わり方は変わりませんかと問い、「高圧的に指導することの意味は？」と自分自身が考えるきっかけになったと述べていました。

〈N先生の省察③　子どもへの関わり方〉

　同じくN先生が教職大学院の講義の中で、プレゼン（校内研修形式）した内容を参考に説明します。

　N先生は、テレビ番組で警察官に密着した番組を見ていると、実に優しい言葉で、違反をしてしまった人に話しかける様子が伺えると説明しています（資料5）。決して高圧的な態度はあり得ない、話を聞き出す丁寧な方法であると結んでいます。

　子どもを一人の人間と考えると、言葉遣いや関わり方も変わるのではないか。自分を認められていれば、子どもも心を開くのではないか。保護者への対応も同じことだと感じていると述べています。スピード違反をしてしまった一般人に、「どうしたんですか？　何かお急ぎのことでもあったのですか？」と優しく尋ね、しっかり相手の理由を傾聴することで、高ぶる感情を抑える様にも見受けられるという分析プロセスです。話をある程度聞くと、静かに「しかし、実

資料5

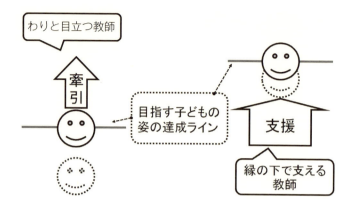

図2-2　目指す子どもの姿における達成ライン

はいけない事なんです」と諭すような口調で話しかける。N先生の大好きな番組をもとに、一人の人間としての関わり方を示しています。

　最後に、N先生は生徒指導において積極的に取り組む教員を「わりと目立つ教員」としてとらえ、その特性として「目指す姿へ力づくで引き上げる」という内容を示しています。それとは別に「縁の下で支える教員」の特性として「目指す姿へ支えながら持ち上げていく」という内容を示しています。両者に共通の「目指す子どもの姿」に進んでいく様子をスライドを用いて表現しました（図2-2）。同僚への「互いの歩み寄り」という協働性に、一歩、踏み込んでいます。

N先生のメッセージです。
　「まずは、自分自身をみなおすこと。次に、耳を傾け、分かり合おうとすることからはじめてみたい」と締めくくっています。

第2節　異なる生徒指導観と協働性の関係はどうなっているのか

　ここでは協働性を語る前に、教員同士の協働性の前提となるべき「生徒指導」とは何か、再度、振り返っておきましょう。読者の皆さんは、「生徒指導」という言葉から、何をイメージするでしょうか。そのイメージは、個人の経験や学校種により大きく異なることが予想されますが、現場では、規則違反や非行事故などの消極的指導を指すことが多いようです。ここでは、ルール違反など問題が起きてから指導する、いわゆる消極的目的による生徒指導（以下、消極的生徒指導）を参考に、話を進めていきます（表2-1）。

　教員認識のアンケート調査（瀬戸、2006）によれば、消極的生徒指導にかかわる4項目「基本的な生活習慣や日常生活について指導すべきである。」などの質問項目に（表2-1）、教員として賛同している「指導の賛同度（5段階評価）」においては差異がありません。同じく、学校現場で実践している「実践度（5

表2-1　消極的生徒指導の質問項目（4項目）

（私は日常的な教育活動のなかで）生徒指導は、

質問1　「基本的な生活習慣や日常生活について指導すべきである。」
質問2　「遅刻や校則の指導をすべきである。」
質問3　「反社会的な問題傾向がある児童生徒への指導をすべきである。」
質問4　「いじめ問題・不登校問題への対応をすべきである。」

　　　※「教員として賛同している」**賛同度**　　$α$ 係数 =0.70
　　　　「学校現場で実践している」**実践度**　　$α$ 係数 =0.80
　　　　「教育上良かったと感じることがある」**効力度**　$α$ 係数 =0.85
　　　　「実践をしているが困難を感じることがある」**困難度**　$α$ 係数 =0.87

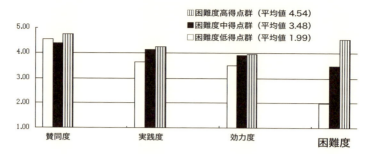

図 2-3 消極的生徒指導における賛同度・実践度・効力度・困難度

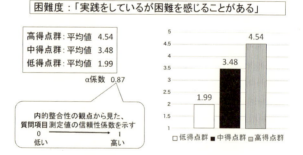

図 2-4 消極的生徒指導における困難度の 3 類型

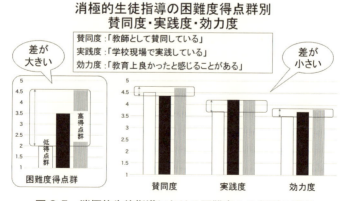

図 2-5 消極的生徒指導における困難度の 3 類型の説明

第 2 節 異なる生徒指導観と協働性の関係はどうなっているのか　　41

段階評価)」、教育上良かったと感じることがある「効力度（5段階評価）」においても差異がありません。職員室の先生方は、教員としての使命感や社会からの要請、同僚教員からの同調性（足並みそろえ）により、「指導の賛同度」「実践度」「効力度」が連鎖して高得点になる可能性があります。教員のタテマエの世界が、背景にあるのかもしれません。

　一方で、「指導における困難を感じることがある（5段階評価）」の「困難度」平均点の差異が、3類型に分かれることが明らかになっています（図2-3、2-4、2-5）。個々の教員により抱える「困難感」は異なっているのです。ここが重要なポイントです。困難感の背景や原因は多様ですが、ここではひとまず観測が可能な教職経験の差異、世代間の差異を見てみましょう。

(1) 指導の困難感の差異

　本節では、「個々の教員の指導観（困難感など）と協働性構築」という関係に、「同僚評価」という観点を加味してそれぞれの関係を整理しています。図2-6にみるように、教師文化・同僚評価・学校組織評価の関係について着目し、モ

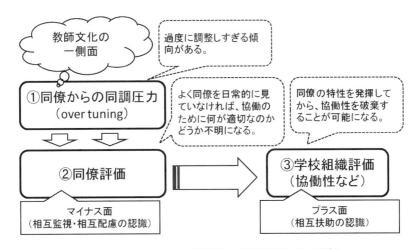

図 2-6　教師文化・同僚評価・学校組織評価の関係

表2-2　同僚評価の質問項目（調和行動・指導姿勢・関係行動）

Ⅰ　同僚との**調和行動**（6項目）
（同僚教員の行動の望ましさについて） 質問1　「学年全体の調和を考えて生徒指導をしている。」 質問2　「学校全体の調和を考えて生徒指導をしている。」 質問3　「生徒指導のあり方で周りと歩調を合わせている。」 質問4　「教科指導の仕方で周りと歩調を合わせている。」 質問5　「生徒との接し方で周りと歩調を合わせている。」 質問6　「学級経営のあり方で周りと歩調を合わせている。」 　　　　　　　　　　　　　　　　　※　以上6項目　a 係数 =0.85
Ⅱ　同僚の**指導姿勢**（9項目）
（同僚教員のあり方・姿勢の望ましさについて） 質問1　「新しい指導の仕方に意欲的である。」 質問2　「研修に熱心である。」 質問3　「児童生徒の要望に耳を傾けている。」 質問4　「授業に熱心である。」 質問5　「児童生徒から好かれている。」 質問6　「授業の進め方が上手である。」 質問7　「児童生徒にきまりを守らせることができる。」 質問8　「教科の専門知識が豊かである。」 質問9　「部活動、クラブ活動などに熱心である。」 　　　　　　　　　　　　　　　　　※　以上9項目　a 係数 =0.86
Ⅲ　同僚との**関係行動**（5項目）
（同僚教員の行動の望ましさについて） 質問1　「同僚の相談によくのっている。」 質問2　「同僚とコミュニケーションがとれる。」 質問3　「自分の主張をはっきり述べる。」 質問4　「共通理解に基づいた連携ができる。」 質問5　「同僚に親しまれている。」 　　　　　　　　　　　　　　　　　※　以上5項目　a 係数 =0.88

デル化しています。

　指導の困難感を克服するためには、同僚教員との協働性が不可欠です。一方で、職員室の教師文化や指導における同調性としての教師文化の特性が生徒指導に強く関連しているという報告があります。教師文化の一側面において、生徒指導において同僚教員と足並みを揃えることが暗黙の了解とされているからです。時には過度な①同調圧力（over tuning）が発生することも、教師文化の特性として報告されています。それにともない日常から同僚教員の行動をどのように評価しているのか、②相互監視・相互配慮の認識である同僚評価の問題があります。同僚評価と指導の困難感は、どのような関係になっているのか、「調和行動」「指導姿勢」「関係行動」の3側面（表2-2）から世代間（教職経験別）の差異を見てみましょう。なお、本節では、同僚評価は職場集団の協働性など、相互扶助に関わるプラス面の③学校組織評価の出発点になると考えています。

(2) 困難感と同僚評価、20代と30代・40代・50代の差異

　個人要因の中でも教職経験（各年代での相関係数）をもとに指導観・同僚評価の関連を検討した結果、次のようになりました。前述の研究から生徒指導の実践は、教師の使命感からくる賛同—実践—効力という連鎖、と指導の困難感が異なって表出することが明らかになっており、ここでは困難感と効力感に着目しています。

　「指導の困難感（私は、このような指導を実践しているが困難を感じることがある）」に着目すると（表2-5）、20代の経験の浅い教師は、「指導の困難感」得点が高い教師ほど同僚教員に対する「調和行動」「関係行動」を低く認識しています。20代の教師は、日常的な指導の困難感を高く認識するほど「学年全体の調和を考えて生徒指導をしている」「同僚の相談によくのっている」など、同僚教員の認識の程度が低くなっており、職員室での協働プロセスへの関与が低くなる可能性があります。

表 2-3　教職経験の差異による困難感・同僚評価観の関連

20代は、生徒指導の困難感と同僚評価が、**関連あり**

困難感・高得点群 ⇨ 同僚評価・低得点群

困難感・低得点群 ⇨ 同僚評価・高得点群

※困っている教員ほど、同僚教員を評価していない
　困っていない教員ほど、同僚教員を評価している

30代・40代・50代は、生徒指導の困難感と同僚評価が、**関係なし**

困難感・高得点群……同僚評価と**無関係**

困難感・低得点群……同僚評価と**無関係**

　その一方で、中堅の教員30代・40代とベテランの50代教員は、「指導の困難感」と同僚教員との「調和行動」「指導姿勢」「関係行動」とは関連が認められませんでした。30代教員・40代教員・50代教員の指導観と同僚評価観が関連していないことから、指導の困難感を認識することと同僚教員への協働プロセスへの関与は、相互に独立している可能性があります（表2-3）。

　ここに中堅教員やベテラン教員の指導の困難感を職員室全体で共有する難しさが、浮かび上がってきます。

(3) 効力感と同僚評価、40代と20代・30代・50代の差異

　次に、「指導の効力感」に着目すると20代は、「指導の効力感」得点が高い教員ほど同僚教員との「調和行動」「関係行動」を高く評価しています。同じく、30代の教員は、「指導の効力感」得点が高い教員ほど同僚教員との「調和行動」「指導姿勢」「関係行動」を高く評価しています。同じく、ベテラン教員50代は、「指導の効力感」得点が高い教員ほど同僚教員との「指導姿勢」「関係行動」を高く評価しています。前段の困難感とは別に、生徒指導の効力感を高く認識する教師が同僚教員への協働プロセスに関与する可能性がうかがわれ

第2節 異なる生徒指導観と協働性の関係はどうなっているのか

ました（表2-4）。

しかし、40代の教員は、「指導の効力感」と同僚教員との「調和行動」「指導姿勢」「関係行動」と関連を示さなかったのです。「効力の程度」（私は、このような指導を実践していることが教育上効果を及ぼすことができて良かったと感じている）に着目すると、40代教員にのみ同僚評価に関連が認められなかった。20代教員・30代教員・50代教員と40代教員に差異が認められました。40代

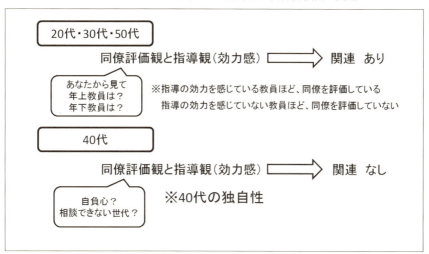

表2-4 教職経験の差異による指導観・同僚評価観の関連

図2-7 世代ごとの差異

表 2-5　教職経験の差異、指導観・同僚評価観の相関係数

指導観と同僚評価の相関（教職経験 1～10 年、n = 88）

	消極賛同	消極実践	消極効力	消極困難	調和行動	指導姿勢	関係行動
消極賛同	1.00	.20	.27 (*)	.14	－.05	.09	.03
消極実践		1.00	.67 (**)	.14	.20	.17	.21
消極効力			1.00	.12	.33 (**)	.17	.29 (**)
消極困難				1.00	－.38 (**)	－.13	－.28 (**)
調和行動					1.00	.52 (**)	.54 (**)
指導姿勢						1.00	.76 (**)
関係行動							1.00

指導観と同僚評価の相関（教職経験 11～20 年、n = 74）

	消極賛同	消極実践	消極効力	消極困難	調和行動	指導姿勢	関係行動
消極賛同	1.00	.41 (**)	.45 (**)	.19	.34 (**)	.30 (**)	.33 (**)
消極実践		1.00	.71 (**)	－.05	.27 (*)	.32 (**)	.18
消極効力			1.00	.12	.29 (*)	.37 (**)	.31 (**)
消極困難				1.00	－.10	.03	.15
調和行動					1.00	.45 (**)	.45 (**)
指導姿勢						1.00	.84 (**)
関係行動							1.00

指導観と同僚評価の相関（教職経験 21～30 年、n = 39）

	消極賛同	消極実践	消極効力	消極困難	調和行動	指導姿勢	関係行動
消極賛同	1.00	.61 (**)	.53 (**)	.12	.08	.27	.27
消極実践		1.00	.69 (**)	.07	.18	.18	.26
消極効力			1.00	.18	.22	.28	.30
消極困難				1.00	－.09	－.17	－.19
調和行動					1.00	.75 (**)	.73 (**)
指導姿勢						1.00	.87 (**)
関係行動							1.00

指導観と同僚評価の相関（教職経験 31 年以上、n = 19）

	消極賛同	消極実践	消極効力	消極困難	調和行動	指導姿勢	関係行動
消極賛同	1.00	.33	.05	.40	－.15	－.12	－.02
消極実践		1.00	.67 (**)	－.02	.24	.20	.23
消極効力			1.00	－.07	.46	.55 (*)	.56 (*)
消極困難				1.00	－.22	－.31	－.12
調和行動					1.00	.84 (**)	.83 (**)
指導姿勢						1.00	.95 (**)
関係行動							1.00

※消極的生徒指導を消極として短縮して表記

* $p < .05$、** $p < .01$

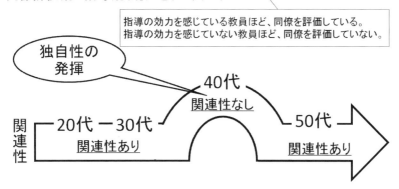

図2-8　世代ごとの同僚評価観・指導観の関連性

の教員は、ベテラン教員としての経験が豊かであるが、なぜ他の世代と異なり指導観・同僚評価の関連が認められなかったのか、「中堅教員の自負、あるいは迷いによるものか」など多様な背景が考えられます（図2-8）。

　前項から明らかになった、①指導観（困難感）・同僚評価観の関連、「20代教員の独自性と他世代の共通性」、②指導観（効力感）・同僚評価観の関連、「40代教員の独自性と他世代の共通性」を参考に、教職経験を参考にした研修の機会や内容を設定する必要があります（表2-5）。

第3節　世代別のモデル発想法、同僚への過度な気遣いの省察

　一例として、「各世代間で作成した生徒指導モデルの差異」をもとに、議論を深めることです。前章でも参考にしていますが、生徒指導におけるイメージは、根底にある考え方や価値観（being）、実践（doing）は多様です。それが生徒指導モデルを作成することによって明らかになってきます。

導入　校内研修での生徒指導モデル作成

<論点の例>
- □ 生徒指導の問題で同僚に相談したいが、何を相談したらよいのかわからないことはないか、それはなぜか。
- □ 生徒指導の問題で同僚に相談したいが、思わず躊躇してしまうことがある、それはなぜか。
- □ 生徒指導の問題で、周囲の期待にこたえようと何でも頑張ってしまうことがあり、抱え込んでしまう、それはなぜか。
- □ 同僚との協働プロセスを発揮するための知恵はないのだろうか。

など。

図2-9　校内研修での生徒指導モデル作成の例

　お互いが想像もつかない生徒指導モデルを作成している、その驚きや笑いのなかで次のステップに進む必要があります。

　それは、職場の協働プロセスにかかわる直接的な研修内容です。テーマは「生徒指導における教員の仕事の個業化をどう乗り越えるのか」「世代別の省察プロセス」です。個々の職場における「教員集団と個人の間にある問題点」について、本質的な問題提起をする必要があります。教員という専門性の持つ個業の影の側面になるのか、世代間の差異はあるのか、それとも、別の要因があるのか、個々に探求する必要があります。子どもに社会化を勧めつつ、一方では、職場の同僚との関係に悩みつつある教員像。それぞれの論点を再度、研修の参加者が省察する必要があります（図2-9）。

[引用・参考文献]

瀬戸健一　2006　「消極的生徒指導と積極的生徒指導の検討の試み―生徒指導連絡協議会に参加した教師の認識に着目して―」　学校心理学研究　第6巻第1号　pp.53-65.

瀬戸健一　2010　「高校教師の指導観と同調評価の関連―教師集団の認識の差異に着目して―」　日本高校教育学会年報　第18号　pp.46-56.

第3章
「あなたが担任の場合、児童の気持ちをどう理解しますか」Q&A

◆

　本章では、若手教員、30代の小学校教員の悩みを紹介しています。A先生は明るく優しい性格の女性教員で、前任校では子どもたちに慕われる先生でした。この春から新しい小学校に転勤になり、5年生の担任となりました。新しい学級で子どもたちと過ごす日々を楽しみにしていたA先生ですが、学級委員長の選出の際、ある問題にぶつかりました。児童理解のポイントをもとに、A先生の指導におけるbeingを省察しています。後段では、傾聴技法など心理学的な方法論を理論として紹介しています。技法活用に際して「実践可能性・教員役割との整合性・発達支援的な実践」であることの各条件を加味した上で各技法が活用されています。しかし、非指示的技法の「技法を活用している教育場面」が抽出されませんでした。

第1節　児童理解のポイント

●プロフィール●
　若手教員、30代の小学校教員の悩みを紹介します。A先生は明るく優しい性格の女性教員で、前任校では子どもたちに慕われる先生でした。この春から新しい小学校に転勤になり、5年生の担任となりました。新しい学級で子どもたちと過ごす日々を楽しみにしていたA先生ですが、学級委員長の選出の際こんな問題にぶつかりました。

> **質問**　A先生が学級委員長の選出の際にぶつかった課題はなんでしょうか。
> 　　ア　立候補者がいない
> 　　イ　推薦で選ばれた児童が、学級委員長を拒否している
> 　　ウ　複数の候補者が乱立し、今ひとつ適性に欠ける

回答例：イ
　学級委員の選出の際には、様々な問題が出てくることが考えられますが、この事例ではA先生は、「イ　推薦で選ばれた児童が、学級委員長を拒否している」という問題に直面しました。

解説
　A先生は今までの学級で行ってきたように、学活の時間に学級委員を決めようとしました。学級委員長に立候補する児童はおらず、推薦で決めることになりました。推薦で名前があがったのは男子児童のBくん。元気で活発で、周りの子どもを思いやれる子だという引き継ぎがありました。今まで学級委

の経験はないそうですが、Bくんは学級委員長に適任だと考えています。しかし、Bくんは「僕は学級委員長になりたくない」といって、学級委員長を拒否したのです。他の児童が自ら立候補する様子も依然みられません。

A先生はBくんが学級委員長を拒否しているのは「学級委員長を1年間やりきる自信がないからだ」と考えました。ですので、学級委員長を一度保留にし、副委員長や書記などの他の学級委員から決めようと話を進めました。しかし、Bくんは学級委員長をやりたくないと言い続けています。A先生はすっかり困ってしまいました。

するとBくんと仲良しのCくんがこんなことをつぶやきました。「もしかして、運動会の長縄跳びのリーダーがやりたいんじゃないの？」と。Cくんの話を聞くと、この小学校では運動会の一大イベントとして長縄跳びを毎年行っているそうです。学級委員長は運動会のときに応援リーダーをしなければならず、長縄跳びのリーダーとの兼任ができない規則になっていたのです。Bくんに話を聞いてみると、Cくんの予想通り長縄跳びのリーダーをしたいというのが学

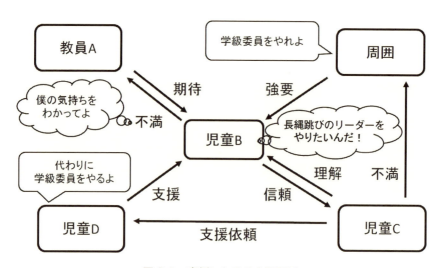

図3-1　事例における人間関係

級委員長拒否の理由でした。学級に確認してみると、長縄跳びのリーダーをやりたいという人もBくんだけのようです。Bくん自身「推薦してもらったから学級の為に頑張りたいけど、学級委員長だけはできない」ということでした。そこでA先生は「サポート係」という学級委員を助ける係を作り、Bくんにその係に入るようすすめました。一連の会話を聞いていたDくんが「Bも頑張るなら、私が学級委員長やってみようかな」と立候補してくれました（図3-1）。

質問 A先生の指導におけるbeing（考え方）はなんでしょうか。

回答例：「学級が荒れることなく、時間内に話し合いを終わらせたい」

解説

　A先生の指導におけるbeingは、「学級が荒れることなく、時間内に話し合いを終わらせたい」でした。クラス替えがあり、まだ学級集団として未熟な状態ですが、A先生はBくんという学級の中心人物を見つけました。そして、今までの経験からBくんなら学級委員長を任せられると判断したのです。

　学級の中で何か物事を決めるとき、学級担任としては様々なことを考えるでしょう。例えば、個人個人の気持ちを尊重する、学級全体のバランスをみて教員が助言する、より多くの人が納得できる形で決めるなどが挙げられるでしょう。今回A先生が「学級の調和」を重要視したのにはこんな理由がありました。

　A先生は初任者のとき、初めて持った学級が学級崩壊に陥った経験がありました。実は、そのきっかけは今回と同じ、学級委員選出の際、子ども達一人一人の意思を尊重するあまり、教員としてリーダーシップをとることができなかったことにあるとA先生は考えています。一人一人の意思を尊重しようとA先生は努力しましたが、なかなか進まない話し合いに子ども達の不満がつのりました。そして、子ども達の中には「わがままを言えばどうにかなる」「自由にしていいんだ」という認識が生まれてしまったのです。それ以降、A

先生は個人の意思の尊重も大切にしていますが、学級全体が調整のとれた集団になるよう、自分から子ども達に働きかけたり提案することが多くなったのです。

> **質問** 児童の気持ちを理解するときに、必要な実践のポイントはなんでしょうか。

回答例：実際に、児童の気持ちを聞いたり、話したりする必要がある。

　A先生が今回の学級委員長選出という事例で考えたことは「実際に、児童の気持ちを聞いたり、話したりする必要がある」ということでした。A先生は、自分の過去の失敗や積み重ねてきた経験から、児童理解の力を養ってきました。その教員としての実践の力量は自信を持ってよいものですが、「本当の児童の気持ち（真意）を知る」という過程がいつの間にか弱まっていたようです。

　教員は実に様々な方法で児童達の気持ちを予想しようと考えます。児童の表情、発言、行動、声色、視線、他の児童との関わりなど、児童達をじっくりと

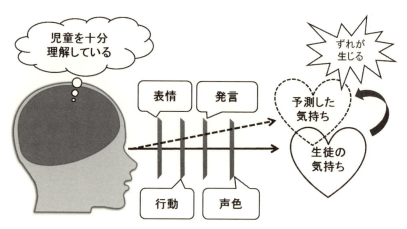

図3-2　教員の予測と児童の真意

観察し、ともに時間をすごす教員だからこそ見て取ることのできる気持ちもあるでしょう。しかし、それはあくまで予想の域を脱しません。児童の本当の気持ちは、本人にしかわかりません。真に児童の気持ちに迫りたいのであれば、児童と向き合い、気持ちを聞くこと以外に方法はないでしょう。児童の様子から気持ちを予想し、行動する力は教員に求められる重要な資質の1つです。ですが、常に「児童の本当の気持ち（真意）はなんだろう？」と疑問を持つ心も同時に必要になってくるのです（図3-2）。

A先生のメッセージです。「年齢や立場は関係なく、一人の人として児童と向き合ったとき、本当の気持ちが見えてくると思います。児童達と心を通わせるための努力を今後も続けていきたいです。」

第2節　傾聴技法など心理学的な方法論を理論として整理

> **演習**　実際の活用における効果や留意点を整理しましょう。

回答例：

繰り返し言われてきたことですが、心理学の専門性を強調するあまり、ある種の技法だけを都合よく解釈し、よく吟味しないで活用してしまう懸念もあります。その一方で、技法の必要性を軽視することにも問題が残ります。

筆者の研究を一部紹介します。傾聴・共感的理解などコミュニケーションの取り方（以下、非指示的技法）に焦点化し、指導実践における教員認識の現状を検討した結果です。紙幅の関係で、因子分析・分散分析など統計用語などはなるべく用いないで、結果の概略を説明します。

「研究の目的」

　本研究では、学校現場での技法の活用においては「教員が学級経営や教科指導などの日常的な場面で実践可能である」という「①実践可能性」、「面接場面におけるカウンセラー的な限定された役割だけではなく、生活指導や教科指導における教員の役割として矛盾することがない」という「②教員役割との整合性」、「治療という観点ではなく、生徒の成長の可能性を支援していく」という「③発達支援的な実践」であるという3点を理論的枠組として採用しています。子どもの現状や学校文化に適合する技法の活用とは何か検討する必要があると考えて、教員にアンケート調査を実施しました。

「研究の結果」

　表3-1（p.61）をご覧下さい。

(1) 活用している教育場面

　非指示的技法を活用している教育場面の内訳は、「日常的な生徒への対応」「相談室での相談活動」「家庭訪問」などの質問項目として用意されていました。しかし、技法の活用場面として確認されませんでした。前節で提言された「生徒の気持ちを受け止める」ための傾聴技法などは、どのような場面で活用されているのか、検証が必要です。

　一方で、技法活用において、「教員と生徒の人間的かかわりがもてる」「生徒の抱えている問題を教員が理解できる」など「教員役割との整合性」「実践可能性」が認められ、「これからの指導の方向性が見える」など日常的な「実践可能性」がうかがわれました。また「子どもの自己肯定感が醸成される」など、教員の働きかけが生徒の自己認識による成長の可能性を支援していくという捉え方から、技法活用が発達支援的であることがうかがわれました。

　以上のように、技法活用に際して「実践可能性・教員役割との整合性・発達支援的な実践」であることの各条件を加味した上で各技法が活用されているこ

第 2 節　傾聴技法など心理学的な方法論を理論として整理　　　　59

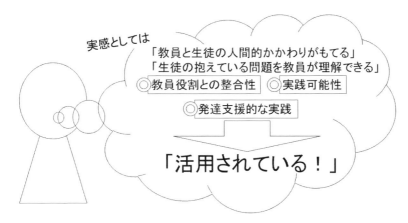

図 3-3　非指示的技法活用の実感

とが明らかになりました（図 3-3）。

　しかし、非指示的技法の「技法を活用している教育場面」が抽出されなかったのです。非指示的技法は、日常的なコミュニケーションにおける中心的技法として学校現場で着目されています、現実には教員にとっての活用場面は共通したものではなかった可能性があります。活用場面における教員の指導実践の独自性があることがうかがわれました（図 3-4、3-5）。

(2) 個人属性・学校属性の差異、留意点

　技法における留意点は「来談者が多い場合」「感情的に混乱している生徒への対応」（非指示的技法）などが確認されました。非指示的技法活用と個人属性・学校属性の関係は次のようになります。

　養護教諭は、一般教諭よりもこの技法に留意点があると判断していました。同じく教職経験 31 年以上の教員が教職経験 5 〜 10 年の比較的短い教員よりも、この技法に留意点があると判断していました。「教育相談の関係分掌に所属している教員」のほうが、その他の分掌の所属教員よりもこの技法に留意点があると判断していました。教職経験の違いや職種、分掌の違いにより、この技法

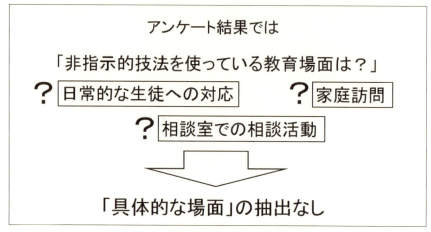

図 3-4　非指示的技法活用の教育場面

図 3-5　「実感」と「具体的な教育場面」

の活用上の困難や問題点の認識の程度が異なっていることが明らかになりました。

　また、学校種による取組みの差異も認められました。高校教員が小学校教員よりもこの技法に効果があると判断し、高校教員が小学校教員よりもこの技法に留意点があると判断していました。子どもの年齢が高いほど教員の技法活用が好調であり、児童生徒の発達段階に応じ教員が技法活用している状況がうか

表 3-1　非指示的技法（来談者中心療法）の活用状況（因子分析結果）

	因子			
	F1	F2	F3	共通性
第1因子　技法の有効性を感じている点（$\alpha = 0.90$）	F1	F2	F3	共通性
I 3 これからの指導の方向性が見える	1.01	-0.19	-0.21	0.69
I 2 教員と生徒の人間的かかわりがもてる	0.88	-0.02	-0.06	0.76
I 1 生徒自身が話すことによるストレスの解消	0.83	0.04	-0.02	0.75
I 6 生徒の抱えている問題を教員が理解できる	0.83	-0.21	0.23	0.71
I 5 子どもの自己肯定感が醸成される	0.67	0.04	0.09	0.53
K 6 教員の力量形成が必要である	0.48	0.41	-0.11	0.69
第2因子　技法活用上の留意点（$\alpha = 0.77$）	F1	F2	F3	共通性
K 5 保健室、相談室での来談者が多い時は難しい	-0.18	0.90	0.04	0.63
K 4 感情的に混乱している生徒には留意する必要がある	-0.02	0.81	-0.04	0.64
第3因子　その他の有効性・留意点・活用場面（$\alpha = 0.71$）	F1	F2	F3	共通性
K 7 その他の内容での留意点がある	-0.05	-0.03	0.86	0.74
H 4 その他の内容での活用場面がある	-0.13	0.01	0.72	0.47
寄与率（％）	35.50	8.42	4.70	

がわれました。

[引用・参考文献]

瀬戸健一　2010　「教師の指導実践における心理学的アプローチの検討―カウンセリング技法の活用に着目して―」　日本特別活動学会紀要　第18号　pp.50-61.

> 第4章

「新しいタイプの保護者との連携をどう理解しますか」Q&A

◆

　本章では、30代、中学校に勤務する教員の悩みを紹介しています。A先生は体育の女性教員でバドミントン部を受け持っています。元気で明るい性格は、生徒からも頼られる存在です。最近、保護者懇談会の参加率が低いことや保護者の面談の中での難しさを感じるようになりました。「学校に任せっきりの保護者」「学校に関心のない保護者」など、新しいタイプの保護者に戸惑っています。新しいタイプの保護者の事例を分析し、学校教育の機能、共通する規範や暗黙のルールを考察しています。近年、消費行動の主体者にとっての選択行動の広がりは、個人の自由度を拡大し個々の認識を多様化し、「共通する規範や暗黙のルール」を共有することが困難になるという傾向が認められます。教員と子ども、教員と保護者のコミュニケーションの前提になる「共通する規範や暗黙のルール」を共有することが当たり前に見えて、実は一番困難なことになると指摘しています。

第1節　新しいタイプの保護者の事例

● プロフィール ●

　30代、中学校に勤務する教員の悩みを紹介します。A先生は体育の女性教員でバドミントン部を受け持っています。元気で明るい性格は、生徒からも頼られる存在です。最近、保護者懇談会の参加率が低いことや保護者の面談の中での難しさを感じるようになりました。「学校に任せっきりの保護者」「学校に関心のない保護者」など、新しいタイプの保護者に戸惑っています。授業参観日でも、保護者の私語が目立つようになりました。

　ある日、買い物をしているスーパーで保護者から挨拶されることがありました。学校区の中にあるスーパーは1つだけなのです。そこのスーパーで、A先生はクラスの保護者をよく見かけることがあります。次のような理解できない状態を目にしました。

> **質問**　右の図は、A先生がよく通う、とあるスーパーの入り口の光景です。A先生はどんなことを感じたでしょうか。
> 　　ア　特に何も感じない
> 　　イ　自転車が雑然としている
> 　　ウ　どうしてこんなことをするのかな

回答例：ウ

解説

A先生は、学校では朝の玄関当番を担当しています。生徒の自転車の駐輪指導を通して、日頃から地域の社会ルールを守るよう促していました。しかし、気がつくと身近なスーパーでも、自転車が雑然と置かれていることに驚いてしまったのです。身近な社会でも起きている問題に、大人の倫理観がどうなっているのか強い疑問を感じました。

また、右の図をご覧ください。これは、スーパー内に設置されてあるゴミ箱の様子です。会計を済ませた後、肉や魚を包んでいたトレイやラップが無造作に捨ててあるのが気になりました。隣の女性がおもむろに商品を包んである包装を捨てて、中身の商品だけを持ち帰るという行動を目にし、呆然としました。

A先生は不思議に感じ、実際にごみ箱に捨てた女性に勇気を持って聞いてみました。

A先生「ちょっといいですか。どうして、こんなことをしているのですか。」

質問 女性は、いったいどのように答えたのでしょうか？
　　ア 「あら、ごめんなさい。すみません。」
　　イ 怪訝な顔をして、無言で立ち去る
　　ウ 「トレイなんかどうせ自宅で捨てるだけですよね。
　　　　だったら、ここで捨てていけば効率的でしょう。」

回答例：ウ

第1節　新しいタイプの保護者の事例　　　　　67

解説

　その女性の言い方や表情からは、自分は何も悪いことをしていない、間違ったことはしていないという様子が感じられました。むしろ、自分の行っているやり方が、非常に効率的であると自信ありげでした。

　A先生は「その理屈は正しいのか、何を正論のように語っているのか。」という疑問でいっぱいになりました。このような、大人社会を見て育つ子どもの倫理観はどのようになっているのでしょうか。

　また、スーパーの様子です。ある男性が、買い物かごを付けた買い物カートを所定の場所に戻さずに、出ていく光景に出くわしました。

　右の図のような状態であったために、通行の妨げにもなっていました。

　A先生は疑問に感じ、帰ろうとした男性に聞いてみました。

A先生「ちょっといいですか。どうして、ちゃんと戻さないのですか。」

質問　男性は、いったいどのように答えたのでしょうか？
　　ア　「あ、ごめん。迷惑だったかな。」
　　イ　無言で立ち去る
　　ウ　「どうせ使うのだから、この状態で残しておいたほうが効率的だろう。」

回答例：ウ

> **解説**

その男性は、次に使うであろう買い物客のために、かごとカートをセットして残しておいて、本人なりの思いやりを強調していたのです。A先生は「その理屈は正しいのか、何を正論のように語っているのか。」という疑問でいっぱいになりました。このような、自己中心的な大人を見て育つ子どもの倫理観はどのようになるのでしょうか。そんな疑問をもつA先生は、いろいろと考えることが多くなりました。

学校として行われる教育的活動や指導において、「一般的な常識の範囲で…」や「倫理的に問題がある…」という説明で、共通理解を求める場合があります。しかし、実際の現場では、「なぜそのような判断をするのだろうか」と絶句するような場面もあるのではないでしょうか。

次の検討事例として、新しいタイプの保護者の家庭教育を想像させる事例を紹介します。

> **検討事例**

高校教員のA先生が、夏の三者面談の時に体験した話です。ある男子生徒と保護者（お父さん）が来てくれました。お父さんは腕組みをし、無言であいさつをされました。

親　　：「うちの息子、夏休みがあけた後から私服で通学をさせます。」
A先生：「校則では…」
親　　：「校則では、ダメだと書いてありますが、僕もやってましたから。」

> **質問** 驚いたA先生は、どのように対応したでしょうか。
> 　ア　毅然として、校則の説明をする
> 　イ　父親の話を丁寧に聞く
> 　ウ　時間をかけて説得する

回答例：イ

解説

　その生徒は、服装や頭髪で何回も指導を受けていました。その不満を理由に「学校の先生は僕の話を全く聞いてくれずに、怒られてばかりいる」など、自分に都合の良い情報を保護者に伝えていました。その結果、保護者は学校に不満を感じていたとのことでした。
　A先生は2回目の担任経験ではありましたが、このようなケースは体験していません。早い段階で学年主任に相談し、学年主任も同席して面談しました。
　「学校としては、校則通りに対応します。お父さんが良くても、指導を受け続ける本人は納得するでしょうか」と毅然と対応しながらも、「わざわざ、普段お忙しいお父さんが来校してくださったということは、何か学校に不満があるのではないかと窺えるのですが、よろしかったら教えていただけませんか」という穏便な学年主任の言葉が、解決につながりました。お父さんの誤解もとけて円満に面談が終わったのです。

> **質問** 新しいタイプの保護者の倫理観と教員自身の倫理観を省察してみましょう。

回答例：大部分の場合は、倫理観は共通するが、立場により差異が生じる。

解説

例えば、図 4-1 に示すように、保護者の倫理観と大人の倫理観のずれが生じ、「我が家のルール」が自分だけの正論となりやすいのです。また、図 4-2 に示すように、生徒の倫理観と保護者の倫理観にもずれが生じ、生徒の年齢や成長段階による倫理観の形成も、少なからず認められます。また、図 4-3 が示すように、「学校という特殊な環境で育まれた倫理観」であるという側面もあり、教員と大人の倫理観にもずれが生じるのです。

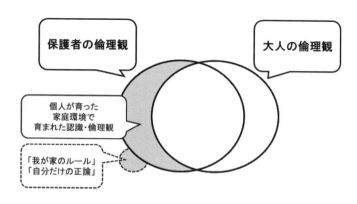

図 4-1　保護者の倫理観と大人の倫理観のずれ

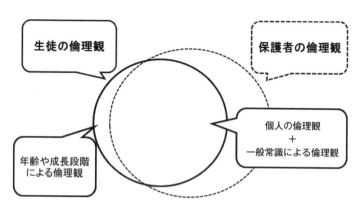

図 4-2　生徒の倫理観と保護者の倫理観

第 1 節　新しいタイプの保護者の事例

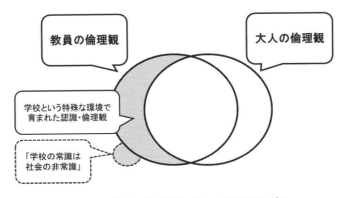

図 4-3　教員の倫理観と大人の倫理観のずれ

　教員も保護者も大人としてのひとつの枠組みに入るかもしれませんが、各々の倫理観には多少の差異が存在することも否定できません。教員はその役割の特殊性を理由に倫理観の厳格性が生じると考えられます。また、大人一人ひとりを考えてみても、育った家庭環境により、それぞれの倫理観には差異が生じると考えられます。上の図のように、教員と保護者と大人という三者の倫理観を考えてみると、理想的な包含関係にはならないことが考えられます。このような関係の中で「互いに共有できる一般的常識」は特定することは難しいのです。

　一般的に、教員を目指す学生は、在学中に教員採用試験に合格し、あるいは、期限付きなどの経験の後、教員という仕事に就職しています。教員という世界に、どっぷりつかっている状態になっているために、なかなか教員以外の職種の状況を知ることができない現状があります。また、職業の特殊性により、正義感や厳格な倫理観を社会から求められています。A 先生も中学時代の恩師に憧れを抱き、また自分の得意とするバドミントン指導の情熱を絶やさず、教職への道に進んだ正義感の強い女性の一人です。普段から、部活指導だけでなく、学校の生徒指導も手を抜かない A 先生には、スーパーで見かけてしまった行為に目をつぶることができなかったのでしょう。

　A 先生は、教員や保護者、強いては大人の倫理観は、子どもの倫理観に強く影響を与えるということを、認識し直すことが必要ではないかと考えました。

自分の倫理観の尺度で考えるだけではなく、別の倫理観を理解することで視野が広がると考え、一歩別な視点から見る方が、今後の自分の指導の幅を広げてくれる要素となると考えました。今後も、アンテナを広げ、自分の指導方法を省察したいと考えています。

第2節　共通する規範や暗黙のルールはあるのか

 指導の実践における多様な方法論を理論として整理しましょう。

解説

　教員の仕事は大きく分けて、二つあります。①学習指導など知識の伝達、②子どもの社会化（社会ルールの共有など）などが、考えられます。教室という教育の場において、教員は暗黙のうちに「（知識やルールについて）人に何かを伝えること」「（知識やルールについて）何かを共有すること」を繰り返し指導してきたのです。この繰り返しこそが教員の日常にとって大きな実践の柱になってきました。

　しかし、これらの実践のためには、教室内のルール以前のルールが暗黙の了解として必要になります。「教員の指示に従うこと」のまえに、教員と子ども、大人と子どもの日常において「共通する規範や暗黙のルール」を相互に共有していなければ、学校現場は混沌としてしまうでしょう。教室という場の外にも共通の認識がなければ、「人に何かを伝える」「何かを共有すること」という教育実践は成立しないと筆者は考えています。それらは、具体的に何を示すのでしょうか、関係者にとって当たり前の共通土俵のようなものを検証する必要があります。前節のスーパーで起きているエピソードを紹介しましたが、地域差

表 4-1　教育基盤に必要な「共通する規範や暗黙のルール」

教員の仕事 「(子どもや保護者に) 何かを伝えること、何かを共有すること」 ⇒ (子ども・保護者など) 関係者が相互に「共通する規範や暗黙のルール」を共有することが不可欠

や学校差の大きい問題でもあります。

　本節は、「新しいタイプの保護者との連携をどう理解しますか」のまえに、(子ども・保護者など) 関係者が相互に「共通する規範や暗黙のルール」を共有することが不可欠であると考えています (表 4-1)。
　しかし、豊かな時代の消費生活、影の部分としての多様な選択行動の広がりが教育活動にも影を落としていると想定しました。多様な選択行動が支える消費行動は、社会や家庭、学校における「共通する規範や暗黙のルール」にゆらぎを与えているのです。しかし、本節で着目している、多様な選択行動とは具体的には何を表しているのか、共通のイメージとして共有することには限界があり、具体的な事例を参照します。筆者は、個人的な省察により、ここ数年の宅配便への依存傾向の強さに着目しました。我々の消費行動を支える物流、そのなかでも日常的な宅配便の活用状況から、国内での「宅配便等取扱個数の増加」について検討しました。図 4-4 に掲載した調査は、国土交通省が昭和 59 年度から平成 25 年度の 30 年間にわたり宅配便の取扱個数を調査したものです。このような物流の増大の背景には、個人の消費行動における選択肢の広がりが想像を超えたものとして一般化し、日常の暮らしの中で反復されているのではないでしょうか。
　筆者は、宅配便の増加という「物流の増大」と「消費行動の広がり」には一定の関連があると予想し、それらと「共通する規範や暗黙のルール」の共有の困難はどのような関連があるのでしょうか。堀内 (2004) は、現代の消費者行動には、次のような特徴があると指摘しています。①ささやかな楽しさがたく

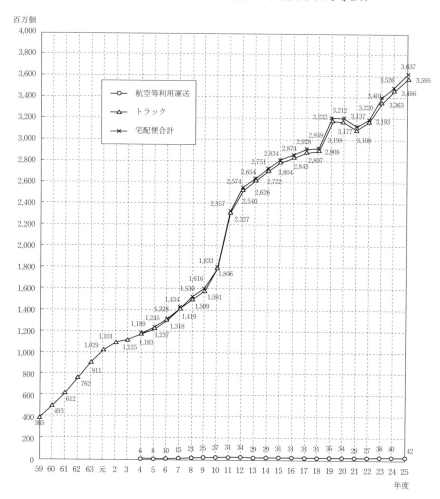

図4-4　物流の拡大 宅配便等取扱個数の推移（国土交通省）

さんある、②一人でも複数でも快楽を経験できる、③美しさを堪能できる、④手軽である、などをまとめて「快楽消費」と考えた堀内は、現在の消費者は商品を通じて快楽を得やすい環境に置かれているうえ、その環境に積極的に働きかけて、快楽消費を実践していると結んでいます。このような消費行動の簡便さによる拡大という観点から、武内（2002）は、現代の若者たちは「消費社会

表 4-2 消費行動の広がりと「共通する規範や暗黙のルール」

> 物流の増大　⇒消費行動の広がり　⇒多様な選択行動　⇒個人の自由度の拡大
> ⇒「共通する規範や暗黙のルール」の共有の困難

的」思考様式をもっていると考え、「消費社会的」子ども・若者は、「生産」より「消費」を重視し、つねに自己の「快」または「不快」という基準で生き、自己の利益・欲望・感性が、外部の規律や規制よりずっと優先すると説明しています。法律や道徳や校則などの規制的な力を内面化することは少なくなり、自分のしたいことをする傾向が強くなり、自分の気持ちに忠実に行動することが忠実な生き方と考える、と指摘しています（表4-2）。

以上の指摘を参考にしますと、消費行動の主体者にとっての選択行動の広がりは、個人の自由度を拡大し個々の認識を多様化し、「共通する規範や暗黙のルール」を共有することが困難になるという側面も否めないのです。これは、学校においても同様でしょう。教員と子ども、教員と保護者のコミュニケーションの前提になる「共通する規範や暗黙のルール」を共有することが当たり前

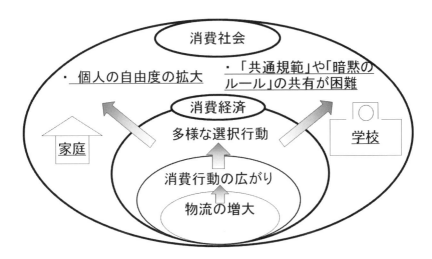

図 4-5　消費社会と消費行動の広がり

に見えて、実は一番困難なことになるのではないでしょうか（図4-5）。

[引用・参考文献]
堀内圭子　2004　『〈快楽消費〉する社会』　中央公論新社　pp.105-115.
武内清　2002　「若者と規範意識」　深谷昌志（編）『子どもの規範意識を育てる』　教育開発研究所　pp.68-70.

第5章
「組織的な生徒指導を、どう考えますか」
Q&A

◆

　本章では、40代、男性高校社会科教員のK先生の悩みを紹介しています。K先生は現在、勤務校で3年目です。40代という年齢もあり、所属する学年ではベテラン教員と若手教員をつなぐ役割を担っています。自分の立場上、同僚教員との協働性について考えることが多くなりました。最近、生徒の生活の乱れが気になっています。学年の先生との関わりの中で、ある問題に直面しました。生徒指導を組織的に実践するには、生徒指導体制をどう考えたらいいか、省察しています。後段では、組織観を紹介しています。①ハコ型（組織図）は「命令指示、報告のフォーマルな経路」という視点でその背景には「秩序を尊重し、あいまい性を好まない」という人間観があります、次に、②インフォーマルなネットワークは組織図と並立するもので「人とのつながりを作り出す」という人間観です、③協働の体系は「共通の目的に向かってコミュニケーションをとりながら主体的に取り組んでゆく」ことで「目的に対して自分の限界を知る」という人間観があります。

第1節　生徒指導を組織的に実践するには、どう考えたらいいか

● プロフィール ●

　40代、高校社会科教員のK先生の悩みを紹介します。K先生は現在、勤務校で3年目です。40代という年齢もあり、所属する学年ではベテラン教員と若手教員をつなぐ役割を担っています。自分の立場上、同僚教員との協働性について考えることが多くなりました。最近、生徒の生活の乱れが気になっています。学年の先生との関わりの中で、ある問題に直面しました。

> **質問**　K先生が直面した問題とはなんでしょうか
> 　ア　学年の中で、生徒指導の指導方法が統一されていない
> 　イ　生徒指導に関心のない先生がいる
> 　ウ　学年と生徒指導部の連携がうまくいっていない

回答例：イ

　K先生の直面した問題は、「イ　生徒指導に関心のない先生がいる」でした。

解説

　K先生が職員室で学年の先生と話していると、頭髪指導の話になりました。K先生はあまりに華美な髪飾りや学校にふさわしくない髪型の場合は、生徒の話を聞きながら説得するようにして指導してきました。
　しかし、最近、生徒指導の対応が先生によって違うと指摘されることが増えてきたのです。K先生は自分の担任している学級の生徒から、「それぞれの先

生で指導基準が違うので、どうすればいいのかわからない」「K先生は厳しいけど、A先生は何もいってこないよ」と言われていたのです。実は、K先生は頭髪について校則通りの生徒指導を行っていましたが、A先生は頭髪指導をまったく行っていなかったのです。A先生は生徒指導への関心が低く、今までも何度か、A先生のみが指導しないという状況がありました。話し合って決めた指導方針を守らないA先生のことを苦手に感じているK先生です（図5-1）。

質問 K先生の指導におけるbeing（考え方）はなんでしょうか。

回答例：「校則通りに、同僚教員も同じように指導を行うべきだ」

解説

K先生の指導におけるbeingは「校則通りに、同僚教員も同じように指導を行うべきだ」でした。K先生は校則を杓子定規に守るだけではなく、普段から生徒の話を聞き、生徒の気持ちに寄り添うことを心がけて行動しています。そして生徒の成長のためには、教員が生徒に校則を遵守させる必要があると考えています。社会に出る前に身につけておきたい様々なルールなどを伝える必要

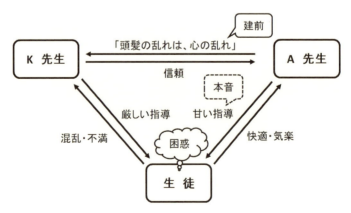

図5-1　K先生とA先生と生徒の関係

があると考えています。ですから、K先生にとっては「頭髪の乱れを指導する」というのは強い使命感に支えられているのです。

実はK先生は頭髪指導以外でも、隣のクラスの担任と意見の相違があり苦労した経験がありました。会議で話し合って決めたときには意見が一致するものの、いざ行動するというときには足並みがそろいません。それぞれの教員がどれだけ意識しているのかが行動に現れてしまいます。行動することで見える、教員の本音に翻弄されながらも、K先生は自分の指導する生徒のために使命感をもって指導に臨んでいるのです。

 K先生は今後、同僚にどのように関わっていけばよいでしょうか。

回答例:「今まで以上に、同僚の個性を理解する」

解説

K先生が考えたのは「今まで以上に、同僚の個性を理解する」ということでした。K先生は今までも熱い使命感を持って生徒指導にあたってきました。しかし、K先生と他の先生で指導が違うことが生徒を困惑させていたことに今回初めて気づいたのです。今までは自分自身の指導と目の前にいる生徒しか見えていなかったことにK先生は気づきました。

K先生は、A先生について理解するよう努力しました。そして、A先生には得意な指導に気づいたのです。それは合唱指導です。合唱指導において、持ち前の力を発揮し、生徒や同僚からも厚い信頼を置かれています。また、同僚から聞いた話によると、A先生は合唱指導を通し生徒に「全員で1つの目標に向かって進むこと」「得意・苦手があっても、支え合うことの大切さ」を指導したいという強い意思を持って指導に当たっていることがわかりました。A先生は生徒指導が苦手な事、その反面、合唱指導に長けていることを理解しました。

そんなA先生を見て、K先生は自分自身にも得意・不得意があることに気

づき、はっとしました。K先生はA先生ほど合唱指導が上手ではありません。自分自身も、無意識のうちに得意・不得意によって指導に偏りが出ていることに気づきました。そのたびに、同僚の先生が協力し、助けてくれるおかげで仕事ができているのだと気づき、助け合うことの大切さを実感しました。そして、教員それぞれが得意・不得意があってもよいと認め合うことを学びました。

K先生のメッセージです。「教員もそれぞれ得意・不得意があります。互いに助け合ったり、補い合うことでバランスを保ちながら働いていることに気がつきました。自分一人ではできないことも、同僚と一緒であれば可能になる場合もあります。同僚教員の得手・不得手をふまえて、同時に自分の悩みや弱さを受け止めて、同僚教員と関わりたいと思います。」

第2節　基本的な組織観を、どう考えたらいいか

いわゆる校内の生徒指導体制とは、何を指すのでしょうか。生徒指導提要で

表5-1　多様な組織観と人間観（金井、1999）

組織観	基本的視点	人間観
①ハコ（組織図）	構造図に表されるような、命令・指示、報告のフォーマルな経路。	秩序を尊び、あいまい性を好まない人間。
②インフォーマルなネットワーク	公式の組織図とは、両立するが別個のインフォーマルなネットワーク。	人とのつながりを自ら作り出していくネットワーカー。
③協働の体系	共通の目的に向かって、コミュニケーションをとりながら、意志をもって主体的選択により協働する人々のシステム。	目的に対して自分の限界を知り、他の人々と協働する人間。

＊金井（1999）「多様な組織観と人間観（pp.14-15）」を一部修正して作成

は「校内の生徒指導の方針・基準を定め、生徒指導計画に盛り込むとともに、校内研修などを通じて教員間で共有し、一貫性のある生徒指導を行う」ことと説明されており、①生徒指導の方針・基準の明確化・具体化、②全ての教職員による共通理解・共通実践、③実効性のある組織・運営のあり方、の3観点が示されています。本節では、③の組織について着目し、生徒指導体制の基盤となるであろう学校現場における組織について問題提起し、解説してみます。

組織観は多様であり、金井（1999）が報告しているように組織をどのように捉えるかという基本的な視点がそれぞれ特徴的にあります（表5-1）。そして、

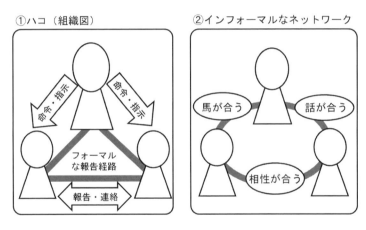

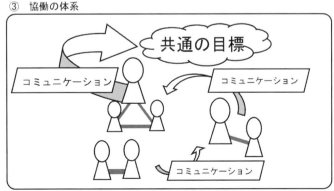

図5-2　多様な組織観と人間観

表5-2　類似した各用語の定義例の比較 (瀬戸、2009)

用語	協働及び協働性	連携	共同歩調	同調行動
定義	①二人以上の教師、及び教育関係者が共通の目的をもち、②お互いに連絡をとりながら、③調整された行動をとることであり、④このことが教師集団の人間関係や規範を通して、日常的に理解されていること。	①共通の課題に対して、②二人以上の教師、及び教育関係者が共通の目的をもち、③お互いに連絡をとりながら、④調整された行動をとること。	①二人以上の教師、及び教育関係者が共通の目的をもち、②お互いに連絡をとりながら、③共通の行動をとること。	①二人以上の教師が、自己のもつ認知、意見、態度、行動と教師集団の規範あるいは標準との不一致を認識し、②教師集団からの圧力を感知して、③その規範や標準に合致するよう行動を変化させ、共通の行動をとること。

その基本的な視点の背景には独自の「人間観や世界観」があるのです。代表的な3つの組織観を紹介します。①ハコ型（組織図）は「命令指示、報告のフォーマルな経路」という視点でその背景には「秩序を尊重し、あいまい性を好まない」という人間観があります、次に、②インフォーマルなネットワークは組織図と並立するもので「人とのつながりを作り出す」という人間観です、③協働の体系は「共通の目的に向かってコミュニケーションをとりながら主体的に取り組んでゆく」ことで「目的に対して自分の限界を知る」という人間観があります（図5-2）。これらの組織観が学校現場の事例でも数多く報告されており、代表的な3つの組織観は、生徒指導体制とも関連しているでしょう。

なお協働性と類似した用語に連携、共同歩調、同調行動などがあり、本項では次のように区別しています（表5-2）。

「協働及び協働性」は、①二人以上の教師、及び教育関係者が共通の目的をもち、②お互いに連絡をとりながら、③調整された行動をとることであり、④このことが教師集団の人間関係や規範を通して、日常的に理解されていること。「連携」は、①共通の課題に対して、②二人以上の教師、及び教育関係者が共

通の目的をもち、③お互いに連絡をとりながら、④調整された行動をとること。「共同歩調」は、①二人以上の教師、及び教育関係者が共通の目的をもち、②お互いに連絡をとりながら、③共通の行動をとること。「同調行動」は、①二人以上の教師が、自己のもつ認知、意見、態度、行動と教師集団の規範あるいは標準との不一致を認識し、②教師集団からの圧力を感知して、③その規範や標準に合致するよう行動を変化させ、共通の行動をとること。

[参考・引用文献]
金井壽宏　1999　日経文庫537『経営組織　多様な組織観と人間観』　日本経済新聞社　pp. 14-15.
瀬戸健一　2010　『協働的指導のための実践テキスト』　風間書房　p.59.

第6章
「職場の人間関係が上手くいかない場合、どう考えますか」Q & A

◆

　本章では、小学校に勤務する教職経験豊かな50代の男性教員A先生の悩みを紹介しています。穏やかで児童への思いやりがあふれる吹奏楽指導の得意な教員です。学年主任や部長職も経験してきた実力派で、色々な個性をもつ教員との出会いがありました。困った同僚との協働について説明しています。後段では、困った同僚のタイプを紹介しています。ロバート・M・ブラムソン（1997）は、経営コンサルタントとして活躍する中で、たいていの依頼人が、問題のある社員や上司や顧客や同僚のなかの困った人の扱いにもっぱら手を焼いており、その話ばかりに時間をとられていることに気づきました。そのような困った人たちの観察と行動調査を14年間にわたり続けた結果、次の7つのタイプを抽出したといいます。①敵意を秘めた攻撃的タイプ、②愚痴をこぼす不平家タイプ、③無口で反応しないタイプ、④愛想がよすぎるタイプ、⑤何でも否定するタイプ、⑥自信過剰の専門家タイプ、⑦優柔不断なタイプ、です。

第1節　困った同僚との協働

● プロフィール ●

　小学校に勤務する教職経験豊かな 50 代の男性教員 A 先生。穏やかで児童への思いやりがあふれる吹奏楽指導の得意な教員です。学年主任や部長職も経験してきた実力派で、色々な個性をもつ教員との出会いがありました。

> 　A 先生が長い教職経験を振り返っています。同僚教員からかけられた言葉を予想してみましょう。

回答例：耳にしたくない言葉と心に残る言葉があります。

解説

　長く教員生活をしていると、教員同士のやり取りで、あまり耳にしたくない言葉が交わされる状況も経験しました。例えば、「忙しいので話しかけないでくださいという雰囲気を出すのはやめてほしい。」「先生は、私が望むことには何も応えてくれませんね。」「（発達障害の児童の対応をめぐって）君はあの児童を、どうするつもりなんだ。」など。
　一方で心に残る言葉もありました。「いろいろありましたが、楽しい 3 年間でした。」「この学年に入れてもらって、本当に良かったです。」「いつも後ろのほうから先生の後姿を意識して見ていました。」などです。
　以上、同僚教員からの言葉一つ一つに、深い思い出が浮かんできました。

　A 先生が、小学校の第 6 学年主任をしていたときのことです。12 月のある日、6 年生の階の男子トイレのスイッチが壊されていました。生徒指導部で熱心に

指導していた学年担任のB先生は、次のような提案をしました。「放課後まで、壊した児童を特定してほしい。特定できない場合は、放課後に男子全員を残して注意したい。」このやり方は、B先生の前任校で行っていた方法でした。

> **質問** B先生の指導方法に納得できないA先生は、学年主任として、放課後どのように対応したでしょうか。
> 　　ア　B先生の指導を尊重した
> 　　イ　学年の中で、指導方法を検討した
> 　　ウ　B先生の指導ではない方法を提案した

回答例：ア

解説

　結局、犯人は特定されず、男子全員は残され、放課後までB先生からの指導が行われました。
　今、思い返すと、B先生からの申し出に左右されず、事を急がないで、学年団でじっくりと対応を考える方法もありました。他にも、B先生から信頼されている仲のよい男性教員に相談し、仲介役をお願いする方法も考えられました。また、校長や教頭と相談し、B先生のプライドを傷つけないように配慮する方法も考えられました。結局、B先生に苦手意識を持ったことが、B先生の性急な指導を許すことになり、学年として不本意な指導結果となってしまったことが悔やまれます。

　また、同僚教員には40代男性教員のC先生がいました。日頃から、「自分は何でもできる」ことをアピールする自信過剰型として煙たがられています。管理職を目指しているように噂されています。先輩や同僚への敬意はあまり感じられません。「あの教員は使えないかもしれない」と公言し、人を見下す態度が職員室では問題となっています。

第1節　困った同僚との協働

> **質問**　A先生は、C先生のことをどう理解していますか。
> 　ア　先輩教員をも見下す態度は鼻持ちならない教員だ
> 　イ　人と違った考え方をする教員だ
> 　ウ　少々のことに動じない姿勢が頼もしい

回答例：イ

解説

　A先生は、「あんな人が管理職になったら終わりだ」とか「あの人は劣等感の塊だろう」という言葉が交わされていますが、逆に「あまりいい感じがしないが、愛すべきところもあるよね」とか「よく勉強しているし、彼は学校のことを考えている」といった肯定的な言葉も耳にしました。人によって、感じ方もそれぞれ異なります。職場の中で、困った人たちへどのように対応していけばいいのかを考えたときに、A先生は次の3つのことが重要と考えました。①困った人をよく観察し（プラス面も）、有効な対応策を考える。そのときに「相手がこんなふうでなければ」とか「相手にこうあって欲しい」などと望まない。②自分の思考・行動の傾向を把握し、陥りやすい事柄をチェックする。③余裕とユーモアをもって物事にあたる。自己肯定感を高める。

> 　A先生の同僚関係におけるbeing（考え方）はなんでしょうか。

回答例：自分に都合があまり良くないと判断してしまうと、心に波風が立つ。

　A先生にとって都合があまり良くないと判断してしまうと、A先生の心に波風が立ってしまうのです。不安な感情に伴う懸念に振り回されるのではなく、しっかりとした責任感のある世界観を構築する必要があります。自分の葛藤を

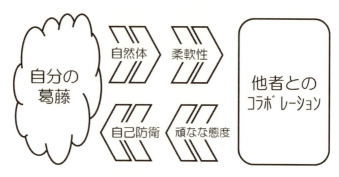

図6-1　自分の葛藤と他者とのコラボレーション

他者との連携によって変えようとするならば、自己防衛せずに、自然体であり続けることが必要ではないかとA先生は考えました。協働性の鍵は、柔軟性であり、頑なで柔軟性に欠ける行動は阻害要因となります。実践者にとって、都合の悪い同僚に対しても、子どもに対しても、保護者に対しても心がざわつくことを理解しておく必要があるのです（図6-1）。

質問　A先生の指導におけるbeing（考え方）はなんでしょうか。

回答例：教員自身の自己肯定感（セルフエスティーム）を高める

　自分の存在感・有能感について快く感じているほど、防衛は少なくなります。自分の真実を語り、どんな結果や影響を生んでも、それに対して、自分の責任を認め、安定した心理状態のなかで行動することが好ましいのではないかと、これまでの経験をもとに省察しました。

最後に、A先生のメッセージです。
　「教育に携わる人は、子どもが好きで心優しい人が多い」
価値観・教育観が異なっても、協働性は築けるはずです。「子どもの成長」のために、一緒に取り組めた経験を積み重ねるほど、相手に対する気持ちも変わ

るのではないでしょうか。

第2節　困った同僚のタイプ

　どんな職場にでも連携の取りにくい同僚や上司がいるかもしれません。これは、何も教員の世界に限ったことではなく、一般企業でも同じようです。ベストセラーになった「困った人たちとのつきあい方（Coping with Difficult People)」のなかで著者のロバート・M・ブラムソン（1997）は、困った振る舞いの行動様式を7タイプ報告しています（表6-1）。また、これを参考にした精

表6-1　困った人たち（ブラムソン、1997)

①敵意を秘めた攻撃的タイプ	痛烈な言葉を浴びせかけ、思いどおりにことが運ばなければ癇癪玉を破裂させることもある。
②愚痴をこぼす不平家タイプ	愚痴ばかりこぼし、何もしない。そうする力がないと思っているか、責任逃れをしているかどちらかである。
③無口で反応しないタイプ	あらゆる質問には応じるが、どんな助けを求めても「うん」とか「いいや」とかぶつぶつ言うだけである。
④愛想がよすぎるタイプ	とても人がよく、ひょうきんで社交性に富むが、いつでも分別があり誠実で賛成の態度を示すが、「やる」といったことは何もせず、こちらに期待をもたせて反対の行動をとる。
⑤何でも否定するタイプ	機会が提案されると、必ず反対する。相手が抱くどんな楽天的な考えも、とたんに縮んでしまう。
⑥自信過剰の専門家タイプ	高慢な人々で、何でも知っていると自負して、それを相手に認めて欲しい人々である。
⑦優柔不断なタイプ	相手にしてもらうまでは目立った自分の決断は引き延ばし、その決定が完璧になるまで、何一つ手放すことができない。

表6-2 少し扱いにくい人たち（森、2001）

①堂々と攻撃する人	言葉や行動で相手を威嚇するようなタイプ。いわゆる親分肌。このようなタイプの人に嫌われると、なんとなく仲間はずれにされたような気分になる。
②こそこそ攻撃する人	①を少し厄介にした人。このタイプはもう少し陰湿で、陰で悪口を広めたり、会議中で何となく侮辱する発言をしたり、陰口を話したりする。
③突然怒り出す人	突然なんらかの引き金で爆発してしまう。この引き金は必ずしも皆が納得するようなものとは限らない。本人はけろっとしている。
④常に不満が充満している人	いつも不満を口にしている。お気に入りに不満があって、同じ不満を何度も聞かされる。
⑤調子のよすぎる人	何でも安請け合いをする人。明るく振舞って大切な存在に見えるが、他者からの評価を気にしすぎ、場当たり的な対応が多い。
⑥自信過剰な人	妙に自身満々という人。仕事のことだけではなく、あらゆる面で知識が豊富であることを認めさせたくて仕方のない人。
⑦薄っぺらな情報過多になっている人	⑥に近いタイプで、どうしても他者から賞賛や尊敬を勝ち取りたいと行動する人。自分の力量の正しい評価ができていない。
⑧優柔不断な人	対立を異常に回避する傾向が認められる人。

　精神科医の森（2001）は少し扱いにくい人への対応として8タイプ報告しています（表6-2）。これらのタイプを参考に、協働性を発揮するためには、どのような対応が可能なのか検討しておく必要があります。

　ロバート・M・ブラムソンは、経営コンサルタントとして活躍する中で、たいていの依頼人が、問題のある社員や上司や顧客や同僚のなかの困った人の扱いにもっぱら手を焼いており、その話ばかりに時間をとられていることに気づきました。そのような困った人たちの観察と行動調査を14年間にわたり続けた結果、次の7つのタイプを抽出したといいます。①敵意を秘めた攻撃的タ

第2節　困った同僚のタイプ

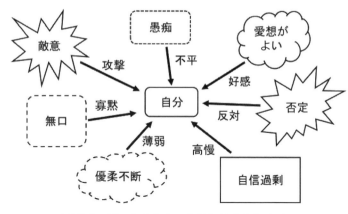

図 6-2　困った人たちの自分に対するタイプ

イプ、②愚痴をこぼす不平家タイプ、③無口で反応しないタイプ、④愛想がよすぎるタイプ、⑤何でも否定するタイプ、⑥自信過剰の専門家タイプ、⑦優柔不断なタイプ、です（図 6-2）。

また、精神科医の森（2001）はそれらを参考に8つのタイプの扱いにくい人として説明しています。①堂々と攻撃する人、②こそこそ攻撃する人、③突然怒り出す人、④常に不満が充満している人、⑤調子のよすぎる人、⑥自信過剰な人、⑦薄っぺらな情報過多になっている人、⑧優柔不断な人、です。

皆さんの経験されたなかで、困ったエピソードなどあるでしょうか。いかがですか。また、ご自身の考えた対応策や、対応のヒントなど在りましたら、いくつか挙げてみてください。タイプ別の困った人たちへの対応策はあるでしょうか。なかなか難しい問題です。どのような職場にも困った人はいるのかもしれません。そのような人にどう対応するのか、「これさえあれば」という解決策はないのかもしれません。協働性の立場からどのように考えていけばよいのか、次に紹介します。

「困った人」への対応はどうするのか。前掲書のブラムソンは「困った人」の周りにも不思議なことに1名から2名のうまく対応できる人がいることを見つけ出しています。「困った人」と馬が合う人の存在に着目しているのです。

つまり「困った人」はすべての周囲の人に最悪な人間関係を結んでいるのではなく、被害を最小限にする対応（極意といえば大げさですが）ができ、うまく対応するコツを持った人がいるということです。そういう人を見つけ出しては、「困った人」の本質を見極めることを推奨しています。「困った人」とその被害を受けない人から、人間関係の不思議な科学を学ぶことを説明しています。

「困った人」への効果的な対処とは、「力のバランスを正常に立て直し、自分の置かれている当面の立場において困った人の手に負えない振る舞いから受ける衝撃を最小限にするあらゆる行動」と説明されています。筆者の担当する教職大学院の授業でも、この「困った人たち」一覧表を活用しました。大学院生は、現職教師とストレートマスターが半々ですが、次のように回答していました。「世の中には色々な人がいます。もちろん職員室にもいます。」「困った人への対策は？」という問いに対して「話を聞いてあげる。相談を持ちかけてみる。根回し。」などでした。まさに実践知の数々です。ここで、最後に皆さんに質問です。

「質問：あなた自身は困った人（7タイプ）にあてはまりますか？」、この質問に筆者の担当する大学院の学生さんは、一瞬静まり返りました。そして、苦笑いが起きました。大きく分けると二つになります。「どのタイプも、私には当てはまらないという回答」「強弱はあるが、ときによっては7タイプすべてが自分に当てはまるという回答」です。いかがでしょうか。最後に対比軸を仏教の世界に移してみましょう。空海の言葉を紹介します。「一切衆生を観ること己身のごとし、故に敢えて前人を瞋恚（しんい：怒り）せず」、難解な言葉です。空海は、次のようなメッセージを私たちに送っています。「世の人すべてを自分の姿だと思ってみなさい、そう思えば目の前の人に怒りをぶつけることもなくなる」と説明しているのです。

[引用・参考文献]

Robert M. bramson　1981　COPING WITH DIFFICULT PEOPLE（鈴木重吉・峠敏之（訳）『「困った人たち」とのつきあい方』　1997　河出書房新社　pp.16-17.）

森隆夫　2001　『精神科医が見た、職場の人間関係─会社で協調できる人、できない人─』

経営書院　pp.136-139.
宮下真・名取芳彦（監修）『生き方が変わる　空海　黄金の言葉』　ナガオカ文庫　pp.86-87.

第7章
「異なる教育観の他者と、どう連携していきますか」Q&A

◆

　本章では、30代、高校の男性教員の悩みを紹介しています。A先生は陸上を専門にし、日々、部員と共に汗を流しています。副顧問のB先生と教育観（指導方針の）の違いが気になり、悩む場面が多くなりました。A先生は生徒の自主性を尊重しています。B先生はどちらかというと教員主導の練習方法を重視しています。副顧問のB先生から見ると、A先生は放任主義のように感じられ、無責任ではないかと指摘を受けたことがありました。ともに、陸上部指導に情熱を注ぎ、成果を出してきただけに教育観の差異が気になるこの頃です。学校でも家庭でも、教育観の異なる他者とのコミュニケーションをどのようにとるのかが、A先生の悩みの種です。A先生と奥様の教育観の違いは、どのような理由からでしょうか。後段では、「生徒指導実践の共通理解や説明の共有」の困難性について説明しています。生徒指導を担当している教員一人一人が、生徒指導実践に関する詳細な自伝的記憶をもっており、それぞれの教員の中で教員自身が関わった生徒指導が最も重みを持ち、しかも具体的に想起できるために、どうしても判断材料になり、教員個人の意志決定を方向づけやすいと考えられます。

第1節　教育観の差異

●プロフィール●

　30代、高校の男性教員の悩みを紹介します。A先生は陸上を専門にし、日々、部員と共に汗を流しています。副顧問のB先生と教育観（指導方針の）の違いが気になり、悩む場面が多くなりました。A先生は生徒の自主性を尊重しています、B先生はどちらかというと教員主導の練習方法を重視しています。副顧問のB先生から見ると、A先生は放任主義のように感じられ、無責任ではないかと指摘を受けたことがありました。ともに、陸上部指導に情熱を注ぎ、成果を出してきただけに教育観の差異が気になるこの頃です。

　ところで、A先生は家庭では、4歳の男の子がいるために、土日の部活指導後はできるだけ家族での時間を大切にしています。A先生と奥様は子どもの「どろんこ遊び」に関心があります。「自然とのふれあい」だけでなく、「手を洗うというしつけ」も同時に学ぶことができるため、近くの公園を利用することにしました。息子さんは初めてのどろんこ遊びに大喜びし、夢中で遊び始めました。

　すると、奥様は「あれはやらせすぎじゃない？　服が泥だらけになってしまうわよ」と不満な顔を見せました。「汚れたら、洗濯すればいいだろう。あれだけ喜んでいるのだから、自由に遊ばせよう」というA先生と意見が分かれてしまいました。

　学校でも家庭でも、教育観の異なる他者とのコミュニケーションをどのようにとるのかが、A先生の悩みの種です。

> **質問**　A先生と奥様の教育観の違いは、どのような理由からでしょうか。

回答例:「関心を寄せるポイントのずれ」

解説

A先生は「思い切り楽しむことの大切さ」を重視していますが、奥様は、「ものを大事に扱うことや、限度を知ることの大切さ」を重視しているようです。服が想像以上に泥だらけになってしまっていることから、「洗濯しても汚れが落ちにくく、今後着られなくなってしまう」と心配してしまいました。一方、A先生は「泥だらけになることは最初から互いに理解して遊びに来ているはずなのに、なぜ今更そのような心配をするのだろう」と、それぞれの重視するポイントの違いが感じられます。

〈思い込みの省察モデル〉

このように（生徒）指導に関して、過度な関心の高さを示す領域があること、言い換えれば「思い込み」の程度の差異が存在します。その逆に低い関心を示す領域、言い換えると「思い込みのない」領域があることも考えられます。前者をホットスポット、後者をコールドスポットと呼ぶことにします（図7-1）。

教員の教育事情への分析視角をレンズという身近なもので例えるならば、教員個人の教育実践への考え方は、偏光レンズを通して対象を見るように、教員

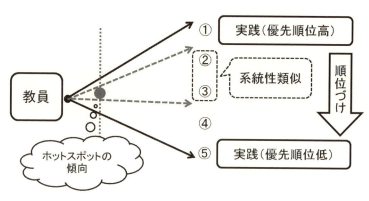

図7-1　ホットスポットの位置

によって異なった見え方をしています。教育経験に構成される思い込みによって、見え方には差異が生じ、また関心の高さによっても、それらの対象の見え方は異なると考えられるのです。

　A先生と奥様の互いの関心の高さや教育観を表現すると、次のような図で表現できます（図7-2、7-3）。

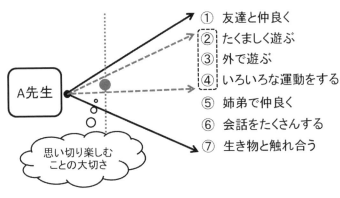

図7-2　A先生のホットスポット

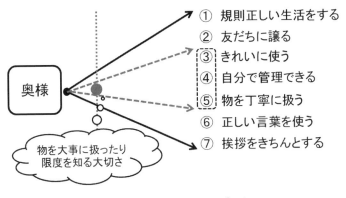

図7-3　奥様のホットスポット

偏光レンズのモデルを用い、自分の生徒指導を考えてみましょう。

〈手順〉

1：基本的な生活習慣の指導で気をつけていることは何かについて、自分で5つ思い出し、重要視する項目から順番に書いていく。

2：近くの人と交換して、ホットスポットとしての傾向を見つける。

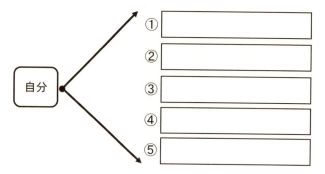

〈回答例：中学数学教員30代女性〉

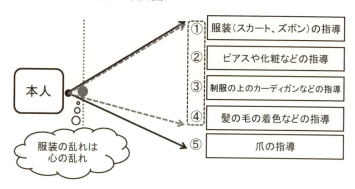

解説

　A先生の分析によると、指導方針として「服装の乱れは心の乱れ」と考えており、前任校においても常に心がけて指導に尽くしてきました。しかし、他の教員から、女性教員を分析すると、「服装指導が生徒指導の第一歩」ととらえていることにポイントが置かれ、ホットスポットがあると推測されました。

　A先生と奥様の「思い込み」部分の影響、または関心の高さを構築している要素は、どこから作り出されているのでしょうか。A先生の幼少期は、どちらかといえば田舎で生活することが多く、大学から札幌などの大きな都市部での生活を過ごされたそうです。中学から続けている陸上部の影響もあり、外で体を動かし、仲間と共に汗を流すことには抵抗がありません。A先生の奥様は農家の家庭に生まれ育てられたそうで、小さいころから親の手伝いはもちろん、妹の世話もすすんで行っていたそうです。互いの育った環境が、少なからず教育観に影響を与えていたかも知れません。

　他者の思い込み（ホットスポット）を分析し、理解することは、「その人にとっては、自分の思い込みであって、自分では認識しづらくなっているもの」であることが多いのですが、「その人の行動を支えるよりどころやその人の原動力の一つ」と理解できることから、他人を理解する一要因になりうるのです。

A先生からのメッセージ
「他者理解と同時に自己理解が必要だと思いました」
　学校でも家庭でも、教育観の異なる他者とのコミュニケーションをどのようにとるのかが悩みの種だったA先生ですが「他者理解と自己理解」の奥深さをあらためて感じました。

第2節　思い込みと自伝的記憶

　教員個人の教育観や教育哲学、学校の抱える問題などにより、「生徒指導実践の共通理解や説明の共有」が難しいことが多々あります。それぞれの教員の教育観が異なっていて当然という議論もあります、そこから先の一歩が踏み出せない歯がゆさもあります。なぜ生徒指導の実践や理論は共有できないのか、近年の認知科学の研究成果を参考として検討してみました。

　佐藤（2004）は自伝的記憶研究のなかで「自伝的記憶は人間に自己の一貫性を与えてくれる」と説明しています。佐藤によれば、自伝的記憶には「自己」「社会」「指示（方向付け）」という3つの機能があると考えています（表7-1）。これら3つの機能を分離して論じるのは非常に困難ではありますが、前節で指摘している、「生徒指導実践の共通理解や説明の共有」の困難性は、指示機能に関係する可能性があります。指示機能とは、自伝的記憶がさまざまな判断・意志を方向づける機能のことでありますが、生徒指導を担当している教員一人一人が、生徒指導実践に関する詳細な自伝的記憶をもっており、それぞれの教員の中で教員自身が関わった生徒指導が最も重みを持ち、しかも具体的に想起できるために、どうしても判断材料になり、教員個人の意志決定を方向づけやすいと考えられます。そういうことが重なると、「生徒指導とはこういうものだ」というスキーマができあがり、そうなると、いちいち元の自伝的記憶にまでさかのぼることなく、そのスキーマに従って判断するようになると考えられ

表7-1　**自伝的記憶**（佐藤、2004をもとに作成）

自己機能	人間に自己の一貫性を与える
社会機能	記憶を共有することが集団の凝集性を高める
指示機能	将来に向けて動機づけたり価値観や態度を確認する際の参照点になる

るのです。

　以上の観点から、「生徒指導における自伝的記憶は、教員それぞれの自己に一貫性を与えるので共通理解しにくい」と理解することが可能であり、前節までに提示したホットスポットやコールドスポット、思い込みラインと重なる考え方になります。

[引用・参考文献]
佐藤浩一　2004　「自伝的記憶の機能」　佐藤浩一・槙洋一・下島裕美・堀内孝・越智啓太・太田信夫　「自伝的記憶研究の理論と方法」　日本認知科学会　テクニカル・レポート　No.51　pp.3-5.

第8章
「生徒指導の2つの視点をどのように理解しますか」Q & A

◆

　本章では、若手教員、20代中学校女性教員の悩みを紹介しています。A先生は、中学校で国語を担当しています。今年度、初めて学級担任として学級を持つことになりました。学級担任として生徒と関わる中で、生徒指導をする機会も増えてきました。同時に、授業中には見えない生徒の一面を目にすることが多くなりました。あるとき、授業中、服装について指導したところ反抗してくる生徒がおり、トラブルになりました。生徒との人間関係における悩みの研究成果を参考にすると、「生徒との年齢差が広がり、生徒と関係づくりがしにくくなった」など「生徒への抵抗感」や「担任するクラスをうまくまとめられない」など「指導上の困難感」などが挙げられます。多くの教員に共通する悩みにどのように対処していけばよいでしょうか。このような教員の悩みを支えてくれるのは、「同僚の先生の励まし」など「同僚との関係」、「精神的な強さ」など「教員としての自信」、「管理職の励まし」、「教員なのだから何とかしなくてはという責任感」など「責任感」、「何とかなるだろうと悩みすぎない性格」など「楽観的思考・気分転換」などが挙げられています。

第1節　よりよい生徒指導を行うために、学級担任としてどのように指導しますか

● プロフィール ●

　若手教員、20代中学校女性教員の悩みを紹介します。A先生は、中学校で国語を担当しています。今年度、初めて学級担任として学級を持つことになりました。学級担任として生徒と関わる中で、生徒指導をする機会も増えてきました。同時に、授業中には見えない生徒の一面を目にすることが多くなりました。あるとき、授業中、服装について指導したところ反抗してくる生徒がおり、トラブルになりました。

> **質問**　A先生の生徒指導の悩みはなんでしょうか。
> 　　ア　同僚と指導方針が一致しない
> 　　イ　生徒への適切な対応の仕方がわからない
> 　　ウ　指導に対し、保護者からクレームが入った

回答例：イ　生徒への適切な対応の仕方がわからない

解説

　A先生の悩みは「イ　生徒への適切な対応の仕方がわからない」でした。例えば、A先生の指導に反抗していた生徒がいるのですが、他の先生が指導すると、急に穏やかになったのです。このようなことから、生徒に自分の指導が伝わらないのはなぜなのか、自信を失ってしまったのです。

　また、同僚の先生からの熱心なアドバイスもA先生の悩みの1つです。あるベテラン男性教員は「生徒が規則を守らない、常識的な行動をとれなければ

厳しく叱る必要がある。」「大人が子どもに規則やルールを教えなければならない。」と厳しい指導をする必要があると言っていました。一方、中堅女性教員は「どんなことでも、生徒のよい部分を見つけてほめないと指導できないわ。」「ほめて生徒を育てないといけないわよ。」と生徒を認め、ほめる生徒指導が必要だと言っていました。先輩教員の話はそれぞれ理解のできるものですが、どんな場面で厳しく生徒指導をすればよいのか、どんな場面でほめて伸ばす指導が必要なのか、自分の判断に自信が持てずA先生は困っていました。

質問 A先生のbeing（考え方）は何でしょうか。

回答例：先輩の教員の助言を参考に生徒指導をする。

解説

　A先生のbeingは「先輩の教員の助言を参考に生徒指導をする」です。A先生は、生徒と関わる時間が増え、生徒の多様な面を見ることで多くの情報を得ることができていると感じています。しかし、それをどのように使えばいいのか、指導する際に教員としてどのような態度をとるべきなのか迷いがあります。そのため、先輩の教員の様子を見て、規則を守るように言ったり、生徒が頑張ったときにはほめたりするようにしています。学級全体はある程度まとまっているようですが、個別の生徒指導では生徒に自分の意図が伝わっておらず、生徒からの不満も感じています。

　ある日、生徒Bが学級の男子生徒に暴言を吐くという問題が起こりました。生徒Bは普段から問題行動が目立ちます。A先生だけでなく、他の学年の先生からも生徒Bの問題行動に対し生徒指導が行われています。今回は数学の時間に、前の席に座っている男子生徒に対し暴言を吐いたということでした。生徒Bは、朝から機嫌が悪く、眠そうな様子でした。

第1節　よりよい生徒指導を行うために、学級担任としてどのように指導しますか　113

> **質問**　A先生は生徒Bに対し、どのような指導が必要でしょうか。
> 　ア　生徒Bに話を聞き、その後指導する
> 　イ　生徒Bの行動を厳しく叱る
> 　ウ　時間をおいて、落ち着いてから指導する

回答例：ア　生徒Bに話を聞き、その後指導する

解説

　A先生の回答は「ア　生徒Bに話を聞き、その後指導する」でした。生徒Bは普段から問題行動の多い生徒です。しかし、今朝の様子が気になり、生徒Bを別室に呼んで話を聞いてみました。すると、生徒Bは、今朝は風邪をひいている母親の手伝いをするために早起きをして家事を手伝っていたそうです。そのため、生徒Bは寝不足のまま学校に来ており、機嫌が悪かったのでした。そのため、イライラして暴言を吐いてしまったそうです。A先生は、生徒Bが早起きをして家事を手伝ったことをほめてから、生徒Bの暴言について指導を行いました。普段であれば言い訳をして逆上する生徒Bも、今日はA先生の話を最後まで聞いていました。

> **質問**　A先生の指導における省察はなんでしょうか。

回答例：ほめる指導も、叱る指導もどちらも必要である

解説

　A先生は、生徒Bへの指導を通し「ほめる指導も、叱る指導もどちらも必要である」と学びました。生徒の行動には必ず理由があること、行動自体が間違っていても生徒が努力したことがあればきちんと認める必要があると実感したのです。生徒Bへの対応は、ほめるだけでは問題行動への指導ができず、

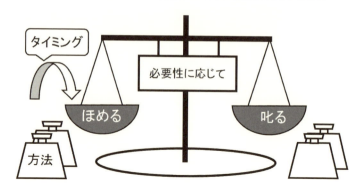

図8-1　ほめると叱るのバランス

叱るだけでは生徒Bはきちんと話を聞かなかったとA先生は考えました。そして、ほめる指導と叱る指導を同時に行うことで、生徒Bへ生徒指導することができたのです。生徒指導を行う上で、ほめる指導と叱る指導、両方の指導ができる教員になろうとA先生は決意しました（図8-1）。

　A先生の言葉です。「生徒に対しどのように指導するか、まだ迷うこともあります。ですが、ほめること、そして的確に叱ること、この2つの視点を持つことで以前よりも、生徒が私の指導を受け入れてくれるようになりました。これから更に色々な経験をして、よりよい生徒指導のできる教員になりたいです。」

第2節　生徒指導の悩み、悩みを抱える教員の支えとは

　生徒との人間関係における悩みを参考にすると、日常的に教員が抱えがちな生徒指導上の悩みの状況も浮かび上がってきます（都丸・庄司、2005）。例えば、「生徒との年齢差が広がり、生徒と関係づくりがしにくくなった」など「生徒への抵抗感」や「担任するクラスをうまくまとめられない」など「指導上の困

第2節 生徒指導の悩み、悩みを抱える教員の支えとは

表 8-1　生徒との人間関係における悩み (都丸・庄司、2005)

「生徒への抵抗感」（9.04％）

38	生徒との年齢差が広がり、生徒と関係づくりがしにくくなった
39	関わりがとりにくかったり、なんとなく合わない生徒がいる
35	生徒に接するのがわずらわしいと思ってしまう
32	気持ちや行動を理解できない生徒がいる
23	生徒の悪いところばかりが目についてしまう
13	生徒をかわいいと思えない
22	不登校の生徒や、休みがちな生徒とうまく関われない
19	担任するクラスの雰囲気になじめない
20	今まで接したことのないような生徒で、どう関わったらよいかわからない

「指導上の困難感」（9.75％）

7	担任するクラスをうまくまとめられない
10	後手後手で関わってしまい、その場しのぎの対応になってしまう
6	生徒に働きかけても、意欲や関心を示さない
9	男子生徒との関わりがうまくいかない
11	生徒への関わりに自信がもてない
24	生徒が指示に従わない
14	問題を抱える生徒をクラスの中にうまくなじませることができない
17	問題を起こす生徒たちとうまく関われない

表中の数字は質問項目の番号を示しています。

難感」などが挙げられます（表8-1）。多くの教員に共通する悩みにどのように対処していけばよいでしょうか。

　このような教員の悩みを支えてくれるのは、「同僚の先生の励まし」など「同僚との関係」、「精神的な強さ」など「教員としての自信」、「管理職の励まし」、「教員なのだから何とかしなくてはという責任感」など「責任感」、「何とかなるだろうと悩みすぎない性格」など「楽観的思考・気分転換」などが挙げられています（表8-2）。

　以上の調査結果からは、教員の悩みの背景にある要因がいくつか考えられま

表 8-2　悩みを抱える教師の支え （都丸・庄司、2005）

「同僚」（12.12%）

30	同僚の先生の励まし
21	悩みや愚痴を聞いてくれる同僚の存在
22	同僚の先生の信頼や理解
17	同僚の先生の協力や手助け
2	何でも話せる教職員の雰囲気

「教師としての自信」（8.85%）

19	精神的な強さ
20	教職への思いや情熱
24	自分の関わり方が正しいという信念
6	職場で自分の力が発揮できることがある
9	生徒たちとの日々の関わり
3	保護者からの信頼や理解

「管理職」（8.73%）

23	管理職の励まし
18	管理職からの信頼や理解
10	管理職からの助言・アドバイス

「責任感」（7.96%）

13	教師なのだから何とかしなくてはという責任感
12	能力がないと見られたくないというプライド
14	周囲からの期待
27	周囲に迷惑をかけたくないゆえに頑張ろうという気持ち
7	日々の多忙さ

「楽観的思考・気分転換」（6.81%）

29	何とかなるだろうと悩みすぎない性格
16	何とかなるだろうという見通しや希望
4	気分転換できる場所や趣味の存在
11	時間が解決してくれるという希望
5	学校外での悩みを聞いてくれる人の存在

表中の数字は質問項目の番号を示しています。

す。①精神的な強さが必要だという考え、②教職への思いや情熱、③自分の関わり方が正しいという信念、④教員なのだから何とかしなくてはならないという責任感、⑤能力がないと見られたくないというプライド、⑥周囲からの期待、⑦周囲に迷惑をかけたくないゆえに頑張ろうという気持ち、などが挙げられます。以上の要因を常に省察することが生徒指導には必要になります。

第3節　対人関係のストレス、援助者のジレンマ、「いばらの道」「理と情」

　前節のように「生徒との年齢差が広がり、生徒と関係づくりがしにくくなった」など「生徒への抵抗感」や「担任するクラスをうまくまとめられない」など「指導上の困難感」など多くの教員が共通する悩みを抱えています。教員に独特なストレスとも言えますが、「人間に日常的に貢献するヒューマン・サービス組織（教育や医療関係など）」に共通する対人関係のストレスとも考えることができます。教職などヒューマン・サービスが陥りやすい「援助者のジレンマ」と言われるものです。教員は、使命感や責任感から「こうするべきだ」「こうしてほしい」という理路整然とした他者への強い欲求というべき明確な道筋ができるのです。社会的役割の大きな教員として、当然のことです。しかし、この理路（あるべき姿）のすぐ裏には混沌とした情の世界（混乱した感情）が隠れています。感情の乱れが、裏道として細く長く続いています。「いばらの道」かもしれません。「いばらの道」をモデル化したのが次頁の4つの図です（図8-2から図8-5）。

　1枚目は次のようになります。「目的地」は指導目標、「道」は指導過程、「いばらの木」は指導上の課題、「棘」は課題達成における困難、「棘による痛み」は教員が感じる負担です。2枚目は次のようになります。いばらの棘による痛みを和らげるには、「鎧や盾などの装備」として自分自身の資質や能力をあげ

第8章 「生徒指導の2つの視点をどのように理解しますか」Q&A

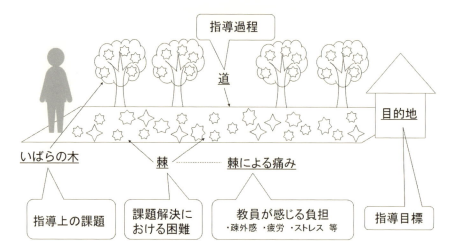

図8-2 実践者が歩いてできるいばらの道を図式化したもの（その1）

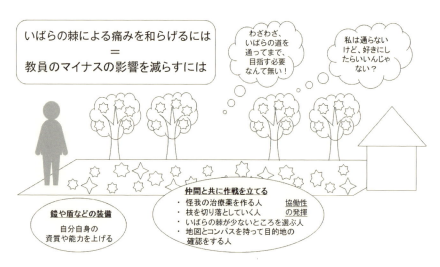

図8-3 実践者が歩いてできるいばらの道を図式化したもの（その2）

第3節　対人関係のストレス、援助者のジレンマ、「いばらの道」「理と情」　　119

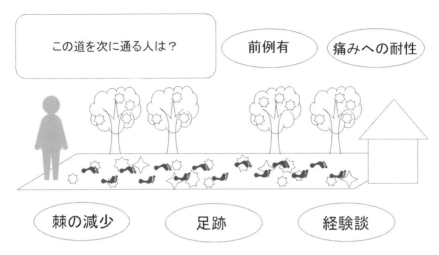

図8-4　実践者が歩いてできるいばらの道を図式化したもの（その3）

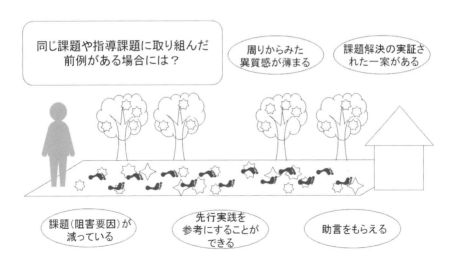

図8-5　実践者が歩いてできるいばらの道を図式化したもの（その4）

ること、また「仲間と共に作戦を立てる」など協働性の発揮が必要です。3枚目は次のようになります。「いばらの道を次に通る人」は前例がある心強さや痛みへの耐性ができています。また、「経験談という足跡」を残すことになります。4枚目は次のようになります。周りから見た指導への異質感が薄まったり、実証された指導案があるなど先行実践を参考にすることができます。その結果、いばらの道を歩むことによって、指導における阻害要因が減ることになるのです。

筆者の講義では、「援助の抱える二重構造、ダブルパス（double path）」と名付けて、以下のように説明しています。繰り返し言われてきたことですが、思うように援助できない他者に対して発生する援助者の抱えるジレンマです。教員の指導におけるストレスは、「役割期待という理路の世界」の裏にある「情の世界」が、同時に並立しているという理解です（図8-6）。

教員と児童生徒は、相互に互恵関係（互いの便益・恩恵を相互にはかる関係）になるかどうかが、仕事の環境として不可欠なアンカーポイント（船のいかり）になります。しかし、この互恵関係成立の難しさは教員に限ったことではなく、前述のようにヒューマン・サービス組織（医師、介護関係他）全体のかかえる根源的なストレスの原因にもなっているのです。

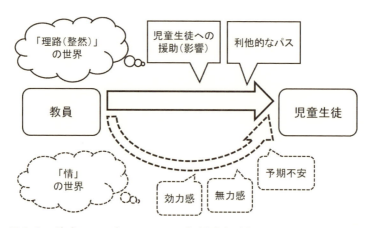

図8-6　ダブルパス（double path）援助者が歩いてできるいばらの道

ここからは対比軸を設定して、話題を変えてみましょう。本テキストの特徴でもありますが、積極的に学校外の世界に視点を移すことに挑戦しています。混乱する「情の世界」、児童生徒に対する情は、厚いほうがいいのでしょうか、厚くなくてもいいのでしょうか。自己モニタリングしてみましょう。情とは、「物事に感じて起こる心の動き」「思いやりの心」などを指します。

■コーヒーブレイク■理の世界と情の世界、落語から学ぶ

関西落語における鬼才と言われた桂枝雀（小佐田、2011）は、「他者との共感における理論とは何か」について徹底的に探求してきました。当時の映像をたまに見る機会がありますが、なるほどと思うほどの力量です。「いい落語とは何か」「他者との共感とは何か」、鋭く迫っています。ここで、枝雀の理論を簡単に紹介しましょう。一例として、笑いとは何か、読者の皆さんはどう考えますか。桂枝雀によれば「笑いは緊張の緩和によって引き起こされる」「笑いは、他人のちょっとした困りで起こる」、自分が直接被害を受けたら笑えないので、「他人の」となります。

次に掲載した「落語の構成」は、筆者の「講義の構成」においても参考にさせていただいています。

表8-3　落語の構成にみる情のあり方

①導入、興味を引く、「洒落ている」「おかしいな」、今までにないストーリーを想定する
②共感の場面、「そういうことあるな」「面白い人だな」「あんな人もいる」
③緊張の段階、「ちょっと怖いものが見たい」
④季節感や生活感をプラス、「生きているということはこういうこと」
⑤何かのきっかけで「他者を先にする（ゆずる）心」を感じてもらい、生きていてよかったなと思ってもらう。他を先にするといっても、自己犠牲ではなく、「自分のゆとりの範囲内で他者を思いやる程度」

> 桂枝雀は、次のように述べています。
> 「いい落語とは何か」と考えると、薄い薄い情のほうが、かえって「人間の情てええもんやな」と思える、よっぽど上等の情やないかと思うんです。「薄い情のほうが、よっぽど上等の情やないかと思うんです」という、「情の厚さ」をよしとする日本的な精神文化からは、反対の解釈が出てきます。意外な分析結果です。

　援助者としての「援助の道」は理路の世界になって当然です。特に日常的な生徒指導場面では、「○○するのが教員の役割でしょう」という議論があり、教員の社会的責任も避けては通れません。しかし、一方では援助の裏にある情の世界が教員を日常的に混乱させるのです。「他を先にするといっても、自己犠牲ではなく、自分のゆとりの範囲内で他者を思いやる程度の薄い情のほうが、上等の情、安定した情、継続可能な情になるのではないか」と桂枝雀は説明しています。含蓄のある言葉です。
　もちろん、教育と落語は異なる世界ですが、他者への援助を前提にしたモチベーションに着目して引用してみました。生徒指導のストレス、学級経営のストレス、保護者対応のストレス、職場の人間関係のストレスなど、ストレスの多い世界です。時には、それらのストレスを異なる視点から見て自己モニタリングすることが必要かもしれません。

[引用・参考文献]
都丸けい子・庄司一子　2005　「生徒との人間関係における中学校教師の悩みと変容に関する研究」　教育心理学研究　53　pp.467-478.
朝日新聞　2011　12月7日付　土曜日版　「職場の理不尽　Q&A」
小佐田定雄　2011　『人はなぜ笑うのか―「緊張と緩和」の法則　落語昭和の名人　二代目桂枝雀』　小学館　pp.3-5.

おわりに

　教職大学院の設置が全国に広がりつつあり、具体的な成果が報告されるようになりました。例えば、「今まで経験と勘に基づきがちであった実践を理論的に省察する機会が得られ、改めてこれまでの実践を整理し、理論化して後進に引き継いでいける自信を持てた」（中央教育審議会、2012）などが報告されています。

　本書は、教職大学院での現職の先生方やストレートマスターの皆さんとの研究交流が出発点となっています。教職大学院や学校現場にふさわしいテキストとは何を指すのか、実践者のためのテキストとは何か、原点に返り、検討しました。現職の理科教師である坂見明さんからは、イギリスの物理テキストを参考に「経験知に揺さぶりをかける省察プロセスの重要性」や、ストレート院生の木下明日香さんからは「明確な正解のない生徒指導に、複数の根拠や理論を提示して欲しい」など貴重な意見をいただきました。その後、テキスト作成の中核となっていただいたのは高校教師の大久保昌史さん、ストレート院生の工藤久実さん、木下明日香さんです。筆者を加えて4名のテキスト作成プロジェクトチームを立ち上げ、週2回、3ヶ月間にわたり検討会を重ねました。お互いの経験談や教育観を熱く語り合い、それぞれの得意分野を持ち寄りながら4人の力が結晶化したのが本書です。「わかりやすい事例」とは何か、「わかりやすい図説」とは何か、一番の難問でした。3名の院生からのメッセージを紹介します。「教育実践者の一人として、この本の制作に関わらせていただいたことに大変感謝しております。今後も、自分の活動を真摯に捉え、省察し、生徒に貢献できる教育活動を行いたいと思います」（大久保）「テキスト作成に当たり、自分の持つ指導観や教員としての資質を知る機会となりました。自分の良さを知り、他者と協働して働ける教員を目指し、今後も学んでいきたいです」（工藤）「テキスト作成に当たり、明確な正解がないと考えている生徒指導でも、

理論や経験をもとに、自分の中で軸を作っていくのだと学びました。今回の学びも、私の軸の一部となっていくと感じています」(木下)。

あらためて3名の院生の皆さんの真摯な熱意にお礼を申し上げます。検討会は、いつも笑い声に包まれていましたが、常に深い洞察が生まれる時間でもありました。「生徒指導に、近道はない」からこそ「教師個人の省察プロセス」が生きてくるのではないか、そんなメッセージが4人の検討会から発信されました。

本書では、誰でも経験しそうな失敗談や苦い体験を通して、実践者が自らの実践を省察することで、生徒指導の力量を高めていくことができると考えています。各章の問題場面は、実際の講義「現代社会と生徒指導」のなかで報告されたプレゼン資料を参考に、編集・脚色して設定しております。ご協力いただいた丹羽洋彦さん、平谷祐人さん、治田理知さん、富田元さん、川本賀信さん、伊勢俊哉さん、堀口初枝さん、佐藤昭彦さんに心よりお礼を申し上げます。

教職大学院の院生の皆さんを中心にした「テキスト作成」の新たな試みは、まだまだ未熟で、現場の先生方の実践に対する理解の浅い面や説明の不十分な点も多々あると思います。本書作成にあたり、ご協力いただいた皆様にあらためてお礼を申し上げます。

また筆者の勤務する三重大学・教職大学院の森脇健夫教授、織田泰幸准教授、前任校である北海道教育大学・教職大学院の院長井門正美教授、元院長森省造教授には、いつも励ましの声をかけていただき、研究の刺激を与えていただきました。同じく生徒指導・教育相談分野の龍島秀広准教授、竹本克己元教授、安川禎亮教授には、並々ならぬご支援をいただきました。この場を借りてお礼を申し上げます。

最後に、前著に続いて今回出版の機会を与えてくださった風間書房・風間敬子さんに、お礼を申し上げます。「現場の役に立つきちんとした本」をコンセプトに、辛抱強く、おつき合いいただきましたこと、心よりお礼を申し上げます。

著者略歴

瀬戸　健一（せと　けんいち）
1955年　北海道に生まれる
1979年　岩手大学工学部卒業
1981年　岩手大学大学院工学研究科修了
2000年　筑波大学大学院教育研究科教科教育専攻修了
2006年　博士(教育学)筑波大学
公立学校教諭、筑波大学大学院非常勤講師、東京農業大学生物産業学部准教授、北海道教育大学・教職大学院教授を経て、現在、三重大学・教職大学院教授(中央大学大学院非常勤講師)

主要論文・著書
「教師ビリーフと指導の悩み・悩みのサポート・組織評価の関連―生徒指導の問題の対応に着目して―」(日本高校教育学会年報、2014)、「省察力を高める実践テキスト」(風間書房、2012)、「高校教師の指導観と同僚評価の関連」(日本高校教育学会年報、2011)、「教師の指導実践における心理学的アプローチの検討」(日本特別活動学会紀要、2010)、「協働的指導のための実践テキスト」(風間書房、2010)、「協働的な生徒指導体制における教師認識の検討」(日本高校教育学会年報、2009)、「高校教師の協働に関する研究―不登校生徒へのチーム援助に着目して―」(日本コミュニティ心理学会、2007)、「生徒指導のための実践テキスト」(風間書房、2007)

図説　問題行動対処法 Q&A
2016 年 12 月 15 日　初版第 1 刷発行

著　者　　瀬　戸　健　一
発行者　　風　間　敬　子
発行所　　株式会社　風　間　書　房
〒 101-0051　東京都千代田区神田神保町 1-34
電話 03(3291)5729　FAX 03(3291)5757
振替 00110-5-1853

印刷　堀江制作・平河工業社　　製本　井上製本所

©2016　Kenichi Seto　　　　　NDC分類：374.3
ISBN978-4-7599-2154-0　Printed in Japan

JCOPY 〈(社)出版者著作権管理機構 委託出版物〉
本書の無断複製は、著作権法上での例外を除き禁じられています。複製される場合はそのつど事前に、(社)出版者著作権管理機構 (電話 03-3513-6969、FAX 03-3513-6979、e-mail: info@jcopy.or.jp) の許諾を得て下さい。